やってはいけない 図解 勉強法

凡人が天才に変わる50のテクニック

石井貴士
TAKASHI ISHII

はじめに

正しい勉強法を学ぶ前に、「やってはいけない勉強法」を学んでおく

「どの勉強法が正しいのだろうか」と、たった1つの正解を求めている人はとても多いです。その結果、試行錯誤し「勉強法は人それぞれ。これだけが正しいという方法なんて存在しないんだ」という、もっともらしい結論を導き出しているのが現状です。

違います。勉強法には正解があります。

間違った方法で勉強をしても、非効率な状態のままなので、成績はなかなか上がりません。

正しい勉強法を知るために、必要なこと。それは

「最初に、やってはいけない勉強法を知る」

ということなのです。

「もし8時間、木を切る時間を与えられたら、そのうち6時間を、私は斧《おの》を研ぐのに使うだろう」（エイブラハム・リンカーン）

という言葉があります。

①まず正しい勉強法をマスターする
②勉強する

このツーステップで、最速で成績は上がります。

たとえば東京から北海道に行こうとしたときに、

①どうやって行くのが一番安くて早いのかを調べる
②チケットを取って、北海道まで行く

というのが一番いい方法です。

「何も考えずに、とりあえず北海道の方角へ向かって歩き出す」という人はいません。

勉強法をマスターせずにいきなり勉強を始めるのは、北海道へ行きたいからといって、いきなり歩き出す人と同じです。

正しい勉強法を知ってから勉強を始めることこそ、最速で成績を上げるための正しい順番なのです。

天才と同じ方法で勉強をすれば、誰でも天才と同じ結果が手に入る

「努力が大切だ。努力をすれば天才になれるんだ」と、多くの人が当たり前のように考えています。

違います。**「頭のいい人は、どういう勉強法をしているんだろう。それを研究して、同じやり方をすれば同じ結果が出るはずだ」**と考えるべきです。

間違った勉強法のままいくら勉強をしても、天才に追いつくことはできません。

しかし、多くの人は自分を変えようとしません。

「いまの自分のまま、どうすれば成功できるのか」と考え、努力を重ねています。

たとえて言うなら、一生懸命に自転車を漕ぎながら「どうすればもっと速く自転車を漕げるだろうか」と悩んでいるようなものです。

天才が、自転車を漕ぐあなたの横を、新幹線に乗って一瞬で通り過ぎていっても、自分のやり方を変えようとしない人ばかりです。

より優れた勉強法があるのであれば、すぐに乗り換えたほうがいいはずです。

そのために最初にあなたがすべきことは、**天才になるためにすべての時間と労力を使う**ということです。

「天才になるために全力を尽くす。勉強は天才になってから始める」

これが、あなたが最速で成績を上げるための行動としては、ベストです。

自転車を一生懸命漕ぐのをやめて、新幹線に乗ればいいのです。

勉強法の最終奥義「瞬間記憶」をマスターし

天才と同じ勉強法に切り替える

最初に正解を言ってしまうと、勉強法のゴールは**「瞬間記憶」**ができるようになることです。

「瞬間記憶」とは、文字通り「瞬間」で「記憶」すること。これが最終奥義です。

高校1年生のときに、教科書をパラパラとめくっただけで「覚えた！」と言って、日本史・世界史で満点を取った友人がいました。

それを見て私は「天才だから『瞬間記憶』ができるのではない。**『瞬間記憶』ができれば私も天才になれるんだ**」と閃《ひらめ》いたのです。

しかし肝心のその方法に関しては、わからないままでした。天才の友人に尋ねても、「小学校の頃から、一度見たものは忘れないしなあ。なんでこういうことができるのかは説明できない」と言われて、途方に暮れていました。

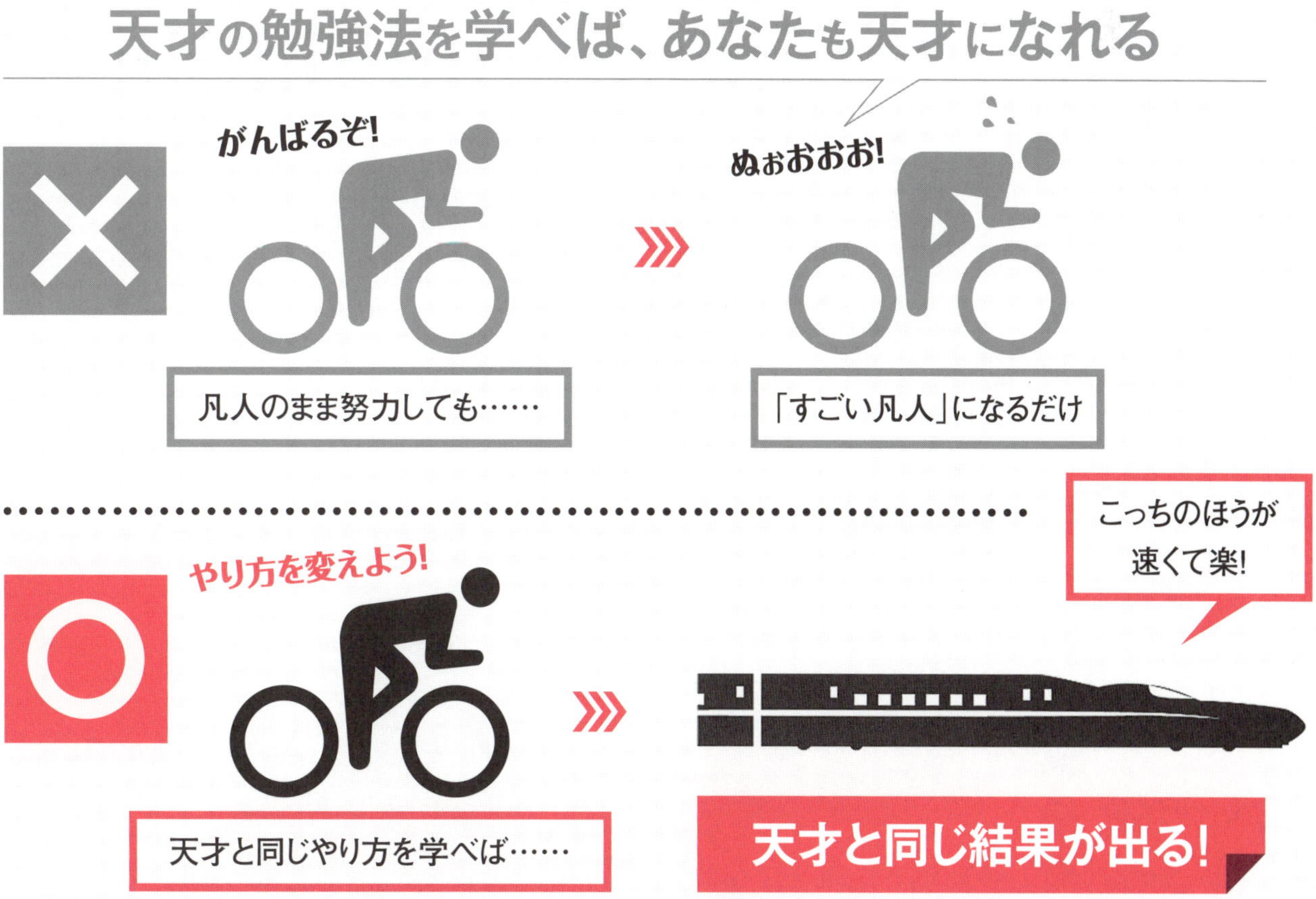

天才の勉強法を学べば、あなたも天才になれる
がんばるぞ!
凡人のまま努力しても……
ぬぉおおお!
「すごい凡人」になるだけ
やり方を変えよう!
天才と同じやり方を学べば……
こっちのほうが速くて楽!
天才と同じ結果が出る!

そんななか高校２年生の春に、私の人生を変える英語の先生と出会えたのです。

その先生はこう言いました。

「このなかで英単語を書いて覚えている人、手を挙げてください。はい、ほとんどですね。では英単語を目で見て覚えている人、手を挙げてください。はい、誰もいませんね。

では英単語を1単語1秒で、目で見て覚える訓練を３ヵ月以上したことがある人、手を挙げてください。誰もいませんね。

なぜ訓練をしたこともないのに、最初から無理だと決めつけているのですか？」

その話を聞いて、頭をハンマーで殴られたような衝撃を受けました。

ほとんどの人は「瞬間記憶」をマスターするために、３カ月を費やしていない。だから天才になれず、凡人のまま努力をしているのです。

「瞬間記憶」をマスターしただけで、3カ月後には偏差値30が偏差値70に！

それから私は勉強を始める前に３ヵ月間、「瞬間記憶」をマスターする（1単語1秒で、目で見て覚える）ことだけに時間を費しました。私はもともと、**「瞬間記憶」の最初の一歩は、英単語を目で見て覚える訓練こそベストではないか**と、なんとなく考えていました。

すると３ヵ月後の英語の模試で、偏差値30から偏差値74になり、世界史も偏差値が70になりました。そしてついに、**高校３年生のときのZ会の慶応大学模試で全国１位を獲得するに至った**のです。

凡人が凡人のまま努力をしても、天才になることは不可能。

だが最初に３ヵ月間を使って、天才に生まれ変わることにフォーカスすれば、天才になって、天才と同じ結果を得ることができる。このことを、身をもって証明したのです。

最初に3ヵ月トレーニングして、天才になってから勉強を始める

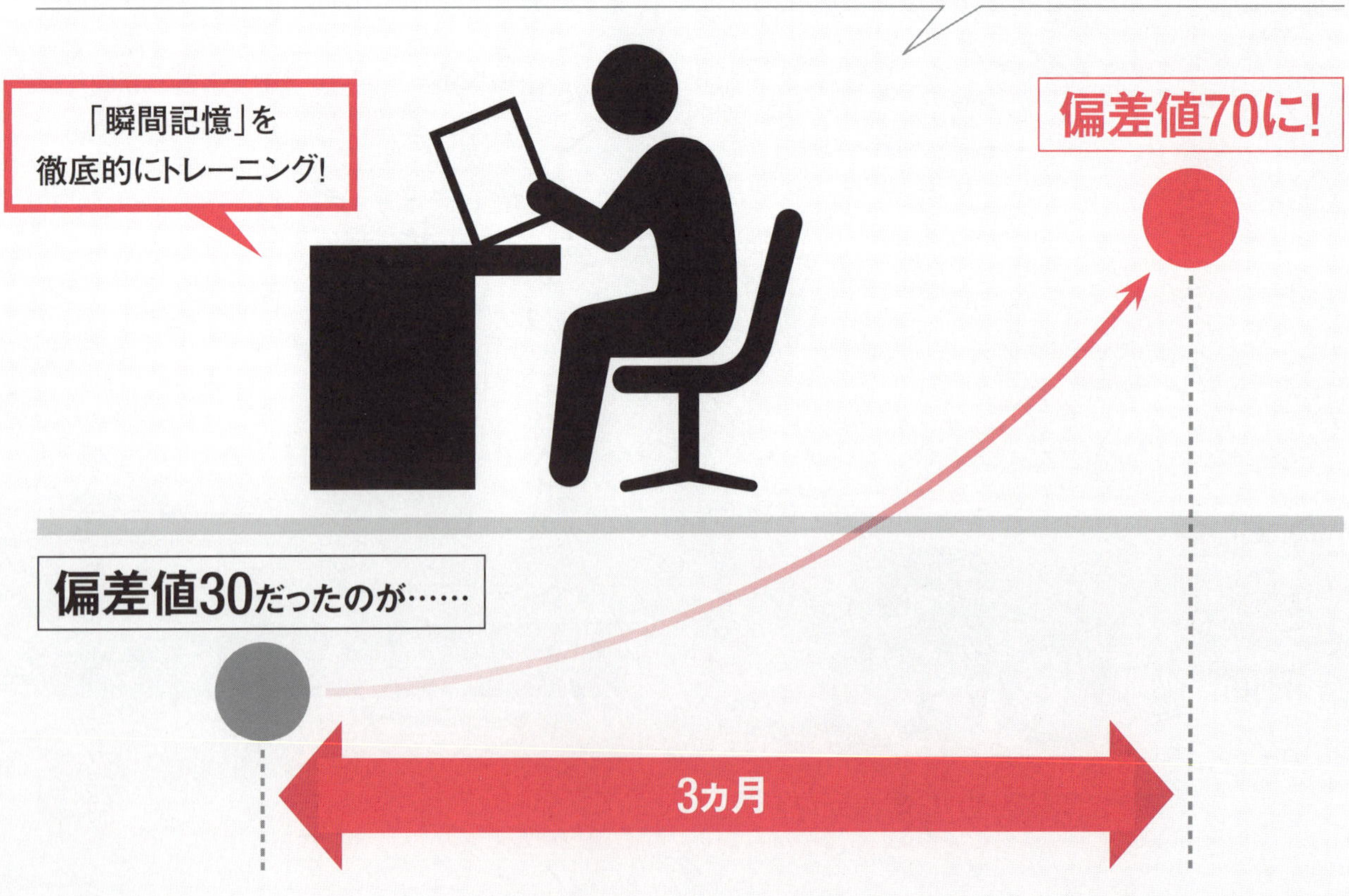
「瞬間記憶」を
徹底的にトレーニング!
偏差値70に!
偏差値30だったのが……
3ヵ月

まずは「やってはいけない勉強法」を知るのが大事

×
まちがった
勉強法のまま、
努力するぞ
「努力家の凡人」になるだけ
○
ポイッ!
間違った勉強法
天才になってから
努力しよう

「瞬間記憶」をする前に、大事な前提があります。

それが、**「瞬間記憶」をするために適した「ノートづくり（教科書づくり・参考書づくり・問題集づくり）」**です（詳細は第4章）。

多くの教科書は凡人向けにつくられているため、「瞬間記憶」には適していません。そこで私はそのための参考書として、これまでに『1分間英単語1600』（KADOKAWA刊）、『1分間英文法600』（水王舎刊）を出版したのです。

「最速のバカ」にならないために
「瞬間記憶」習得の前にやっておくべきこと

参考書はこれら「1分間シリーズ」を使っていただければいいのですが、**大切なのは日頃の「ノートづくり」**です。これを「瞬間記憶」専用にしていくことです（できれば教科書、市販の参考書、問題集も「瞬間記憶」向けにつくり変えましょう）。

「瞬間記憶」のメリットは、最速で物事を覚えられるということです。デメリットは、そもそも間違った方法論で勉強したら、間違ったまま勉強が最速化されてしまう点です。とても言い方は悪いですが、「最速のバカ」ができあがるだけです。

（0）やってはいけない勉強法を知り、正しい勉強法に切り替える
（1）「瞬間記憶」をマスターする
（2）努力する

じつは（1）の前に、（0）が存在したわけです。

あなたがおこなうべきは、凡人として努力をすることではなく、「天才に生まれ変わったあとに努力をする」ということです。

さっそくこの本で一緒に「やってはいけない勉強法」を学び、天才に生まれ変わりましょう。天才に生まれ変わる一歩は、この本をいますぐレジに持っていくことから始まるのです。

もくじ

第3章 やってはいけない「英語勉強法」

第4章 やってはいけない「ノート術」

第5章 やってはいけない「読書法」

第6章 やってはいけない「勉強習慣」

第1章

「やってはいけない勉強法」をしなければ、正しい勉強法は自然と身につく

さあ、これから天才として生きていくための、正しい勉強法を学んでいきます。

まずお話しするのは、勉強全般において多くの人々がやってしまいがちな「やってはいけない」方法についてです。

いわゆる世間一般で言われていることと、真逆のことで驚くかもしれません。学校の先生と違うことを言っているかもしれません。

でも、あなたがこの本を本気の入試準備のために手に取ったのであれば、「やってはいけない勉強法」を知って、これから何を大事に勉強を進めていけばいいかを学べるはずです。

逆に、勉強を始めたはいいけれどつまづいている、という場合は、自分が「やってはいけない」ことをしていないかチェックしてください。

もしそうなら、今日から天才に生まれ変わるか、この本を信じずに凡人のままがんばり続けるか、できるだけ早く決めましょう。

勉強法

その01

やってはいけない！ 独学でがんばる

これで天才に！ 先生をつける

勉強をするとき、独学でしようとする人がいます。

独学の場合、参考書や問題集を買ってひとりで勉強するので、安上がりで素晴らしいのではないかと思いがちです。実際に「私は塾に通わずに、独学で東大に合格したんです」という話は「塾にお金をかけないなんて、親孝行な子どもだ！」という意味で、美談のように語られます。

しかし、独学は一番やってはいけない勉強法です。

なぜなら、「先生との出会い」というのが、人生においては重要な出来事だからです。むしろ独学をすることでそのチャンスを逃してしまう「機会損失」のほうが、お金よりも大きな問題です。

また、先生をつけないのは、時間の使い方としても間違っています。

先生に聞けばいいものを、自分で調べていたら時間の無駄だからです。

すでにその道のプロフェッショナルがいるのですから「どこが試験に出るのだろうか」と自分で試行錯誤するよりも、「ここが試験に出ますよ」と先生に口で言ってもらったほうが早いのです。

勉強において大切なのは、スピードです。

「競争では、常に速い者が勝つ」（ベンジャミン・ディズレーリ）という言葉がありますが、勉強という競争においても、〝いかに最速で勉強ができるようになるか〟が第一であって、お金がかかる、かからないは二の次なのです。

勉強にお金をかける家庭は高学歴のスパイラルを生む

「東大に合格する子どもの親は、年収１０００万円以上が多い」という事実があります。これは、東大に入れるような子どもが育つ家庭は、最速で勉強をするために〝教育にお金をかけるのが当たり前〟という考え方を持っている家庭が多いからです。

そして、東大卒の男性、東大卒の女性が知り合って結婚して子どもができたら、その家庭では子どもにも教育費をふんだんにかけていく。

この高学歴スパイラルが生まれてくるわけです。

「教育費をかけることは当然である」という家庭の子どもは、塾に通わせてもらえるので、先生がつき、どんどん成績が上がっていきます。そして高い学歴を手に入れ、教育熱心な伴侶を得られるという高学歴のスパイラルになっています。

逆に「勉強にお金をかけるのは、もったいない」という価値観の2人が結婚すると、子どもに教育費をかけないのが当たり前になります。

こうして、低学歴のスパイラルも同時にできあがっていきます。

なので、どこかの段階で〝教育のためにお金をかけるのは当たり前〟という考え方にシフトしましょう。そうしないと、ずっと子孫が低学歴のまま……ということになってしまいかねません。

試行錯誤の時間をカットするために、お金を払って先生をつける。

お金よりも時間を大切にする人が、勉強ができる人になれるのです。

勉強にお金をかけると高学歴のスパイラルに入れる

×
一番やってはいけない勉強法
お金をかけず、
独学で勉強しよう
お金をかけず、
独学で勉強しなさい
低学歴スパイラルに…

○
勉強にお金をかけるのは当然だ!
お金をかけて、
先生から学ぼう
子どもの教育には
どんどんお金をかけよう
高学歴スパイラルに!

勉強法

その02

やってはいけない！

通信教育で済ませる

これで天才に！

直接、話を聞いて教わる

最近はインターネットを利用した通信教育が流行しています。

通信教育ではスマートフォン等でも授業が受けられるので、移動中の隙間時間に勉強したりすることができます。

また、地方に住んでいる人でも、都会にいる一流の先生の授業を受けたりできる時代になりました。

教育投資の利回りは18%と言われている

これはもちろん、素晴らしいことです。やらないよりは、やったほうがずっといいでしょう。

ですが、「通信教育を受けているから、それだけで安心だ」というのは、大きな間違いです。

こうした人は、頭のどこかで「なるべくお金をかけずに勉強をしたい」などと考えてはいないでしょうか。

教育投資の利回りは、18%だと言われています。すべての金融商品の利回りを上回るのが、教育への投資なのです。

勉強のためのお金を年間１００万円以上かけたとしても、いずれ何十年後に利子がついて戻ってくるのです。

「お金をかけずに勉強しよう」という考えがどれだけ間違っているのか、わかっていただけたらと思います。

先生から教わる「体験」が勉強の「記憶」につながる

先生から直接教わるという方法のいいところは、いくつかあります。

ひとつは、実際に生の授業を聞くことで、先生の息遣いを感じることができる点です。

そしてもうひとつ大きいのは、先生との人間関係ができることです。

先生に会いに行けば、あなたは授業中に寝てしまって、怒られることもあるかもしれません。ですが、**その怒られたことが思い出になり、そのときに学んでいたことをしっかり記憶するきっかけになったりします。**

私自身、中学生のときに壁に落書きをして、当時通っていた塾の国語の先生から怒られたことがありました。このことは、いまでも記憶に残っています。

一方で、ビデオ授業の内容はどれだけ素晴らしいものであったとしても、10年後、20年後には忘れているはずです。

それはなぜかというと、ビデオやインターネットの動画を通じた授業では、その先生との間に直接的なコミュニケーションが生まれないからです。

長期の記憶に残るために必要なのは「体験」です。

普通に暗記したことは、10年後には忘れてしまいます。しかし、体験と一緒に記憶したことは10年後でもしっかり記憶に残るものなのです。

なので、たとえそのときはお金がかかったとしても、直接先生から教わるほうが勉強法としてはいいのです。

「楽だから」「塾に通わせるよりも費用が安いから」という安直な理由で、通信教育だけで勉強を済ませるのは非効率なのです。

長期記憶に残すには「体験」が大切だ

✕ 通信教育だけでは不十分

通信教育

メリット

- 地方に住んでいても、一流の先生の授業を手軽に受けられる

デメリット

- 先生の息遣いが感じられない
- 先生とコミュニケーションが取れない
- 長期的な記憶に残りにくい

○ 通信教育だけではなく、先生と直接触れ合う勉強をしよう！

直接、話を聞く教育

メリット

- 先生の息遣いが感じられる
- 先生と人間関係がつくれる
- 勉強以外の出来事などでも長期の記憶に残る
- 「体験」を得られる

勉強法

その03

やってはいけない!

家庭教師をつける

これで天才に!

塾に通う

「まわりの友達は授業についていけるが、私はついていけない。だから家庭教師を雇おう。そうすれば私にぴったりの授業をしてもらえるはずだ」と言う人がいます。

しかし、家庭教師はつけないほうが賢明です。というのも、**家庭教師は、講師の当たり外れが大きいからです。**

よくない家庭教師に当たってしまったら、それだけで時間の無駄になります。「別の先生に変えてほしい」とお願いするのもストレスになります。

じつは、家庭教師は大学生のアルバイトが講師を務めているケースが多いです。

それよりは、講師という職業で食べているプロの塾講師から、勉強を習ったほうがいいに決まっています。

お小遣い稼ぎのために家庭教師をやっている大学生にお金を払うのではなく、プロの講師にお金を払うのが正しいお金の使い方です（もちろん、なかには大学生で天才的な家庭教師はいますし、アルバイトの塾講師もいるかもしれないので、見極めは必要です）。

正しいお金と時間の使い方は自分に合ったプロに教わること

教えるプロから教わることで「ああ、こう教えればいいんだな」ということもわかります。さらに、プロが教える塾の場合は、ダメな先生はすぐに人気がなくなって淘汰《とうた》されていきます。

人気講師は最高の授業をするために、朝から晩まで知恵を絞っているからこそ、人気講師でいられるわけです。

その人気講師のなかから、あなたにぴったりの先生を探しましょう。

勉強は、成果を上げるという目的のためにおこなうものです。

そんななか、人生にとって思い出になるのは**「いい先生に、どれだけ出会えるか」**ということです。

先生に出会うことは、人生の楽しみの1つでもあるのです。

いい先生に巡り合うためにも、厳選されたプロの塾講師に教わりに行くべきでしょう。

家庭教師は当たり外れが激しい

- 大学生のアルバイトが多い
- よくない家庭教師は時間の無駄
- 「別の先生に変えてほしい」とお願いするのも余計なストレス

習うならプロの塾講師!

勉強法 その04

やってはいけない！

小論文を自分で練習して、上手になろうとする

これで天才に！

小論文は添削してもらって、上手になろうとする

文章は、自分の力だけでは絶対に上達しません。

小説家になる人でさえ、最初から文章がうまかった人は少ないものです。小説スクールに通って、先生から小説の正しい書き方を学んで、添削を受ける人も多くいます。

私も、作家志望の方に文章の書き方を教えていますが、文章は自分の力だけでは上達することは不可能だと感じています。

なぜなら、誰しも、自分にとって最高の文章を書いているものだからです。

だからこそ**「自分にとって最高の文章が、なぜほかの人にとっては読みづらいのか」ということを、客観的に教えてもらうことでのみ、文章は上達します。**

好き勝手に書いて、偶然に素晴らしい文章になるということはありえないのです。

先生の客観的な添削で文章は上達する

これは小論文だけの特殊な性質です。たとえば英語・数学・理科・社会に関しては、模範解答を見れば、どんな人でも自分の間違いに気づけます。

ですが小論文に関しては、自分の間違いに、絶対に自分では気づけません。自分にとっての最高の文章が、ほかの人にとっても同じであるとは限らないからです。

通信教育よりも実際に塾に通ったほうがいいと前述しましたが、例外があります。それが小論文です。

小論文に関してだけは、通信教育による添削が有効です。

なぜなら、通信教育をうまく利用すれば、多くの見知らぬ先生から指導を受けることで、自分の文章を客観的に添削してもらえるからです。

こと小論文に関しては、いろいろな先生に読んでもらい、意見をもらうのが効果的な勉強法なのです。

誤解してはいけませんが、なんでも自力でがんばるのは美徳ではありません。

この小論文のように、いろいろな先生に添削されないと、成績が上がらない科目も存在するのです。

勉強法

その05

やってはいけない！
漢字の勉強をする

これで天才に！
漢字の勉強は一切しない

漢字の勉強は小学校のときまでは大切です。小学校レベルの漢字がわからないと、問題文も読めず、何を問われているのかがわからないからです。

ですが中学に入ったら、多くの時間をかけてわざわざ漢字の勉強をするのはオススメしません。

それはなぜかというと、入試での配点が低いからです。

たとえば東京大学の入試問題でさえ、漢字問題は3問しか出てきません。そして、問題の傾向としては次のとおりです。

1問は〝勉強しなくても知っている〟漢字。もう1問は〝勉強していても知るはずがない〟漢字。残りの1問が〝勉強すればできるようになる〟漢字だと考えてください。

ここで得点を考えてみましょう。

漢字問題の配点が1問2点で、6点満点だったとします。わざわざ勉強しなくても2点は取れますし、時間をかけて勉強しても4点しか取れないのであれば、その差はたった2点です。

この2点のために勉強時間の多くを費やすのは、時間の無駄です。あまりにも効率が悪いといわざるをえません。

漢字を勉強するくらいならば、その分だけ配点が高い英語・数学の勉強に時間を使ったほうが、効率的に総合得点を上げることができるのです。

漢字を知らなくても実社会では困らない

「でも漢字を知らなかったら、社会に出てから困るじゃないか」

漢字を勉強しなくてもいいとお伝えすると、このように言う方がいます。

それならば、社会に出てから困ればいいだけです。しかも実際には、**小学校レベルの漢字を学んでいれば、社会人になって支障が出るということはまずないはずです。**

私自身、アナウンサーとして5年働きましたが、読み上げる原稿には必ずふりがなが振《ふ》ってありました。そのため、漢字を知らなくて困ることはまったくありませんでした。

日本語の専門家であるアナウンサーでさえ漢字が読めなくても困らないのですから、漢字を知らなくても社会に出て困ることは、ほとんどないと考えてもいいでしょう。

受験という課題のために どの勉強が必要か取捨選択する

確かに教育においては、漢字を読めるようになることは大切なことかもしれません。難しい漢字を読み書きできるのも、教養の1つでしょう。

しかし、受験生にとっては入試で合格することが目の前の課題です。

それを考えれば、得点の効率を比較して「漢字問題は捨てる」という選択をするのが受験勉強においては正解なのです。

試験に出るからといって、すべてのことを同じように勉強する必要はありません。むしろ、**試験の配点が低いものに関してはどんどん捨てていき、それでできた時間で配点が高いものの勉強に充てていく**のが、試験勉強においては正解なのです。

中学校より先は漢字の勉強は捨てる!

漢字問題

カタカナに相当する漢字を楷書で書け。

a.カクトク → **獲得**

勉強しなくても
知っている漢字

b.タイダ → **怠惰**

勉強すれば
できるようになる漢字

c.ゴビュウ → **誤謬**

勉強しても
知るはずがない漢字

**漢字の勉強をしなくても
その差は2点くらいしかない**

難しい漢字が
読み書きできなくても、
社会ではまったく困らない!

勉強法 その06

やってはいけない！ ✕

1冊の参考書を繰り返す

これで天才に！

現存する参考書はすべて買う

「同じ参考書を何度も繰り返しなさい。そうすれば頭に入ります」

学校などでこのように教える先生は、とても多いです。

これは一見すると、正しいことのように聞こえます。

確かに、「同じ参考書を何度も繰り返す」という勉強法は、凡人にとっては正しいやり方です。しかし天才にとっては、同じ参考書を何度も繰り返すのは意味がない勉強法です。

なぜなら、天才は最終的に自然と「瞬間記憶」ができるようになるからです。

対応できる問題の幅は広ければ広いほうがいい

天才は「瞬間記憶」を使って勉強するわけですから、もしも1冊の参考書を繰り返して勉強していたら、どうなるでしょう？

そう、1日の勉強が10分以内で終わってしまうことになるのです。これでは「瞬間記憶」をまったく活用できていません。

「瞬間記憶」を使う場合、同じ内容のものを繰り返して勉強するよりも、異なる参考書を見開き2ページを0・5秒のスピードでどんどんめくっていったほうが、大量の情報を頭に入れることができます。

たとえば日本史を勉強する場合、1冊の参考書を繰り返すのと、２００冊の参考書を頭に入れるのであれば、後者のほうが当然成績は上がります。

というのも、後者のほうが、幅広い問題に対応できるからです。

対応できる問題の幅は、広ければ広いほどいいに決まっています。

よって、**天才にとっての理想は「現存する参考書はすべて買う」です。**これが正しい勉強法になるのです。

すべての参考書に目を通せばどんな問題も解けるようになる

全国模試で1位をとるようなクラスの実力者は、基本的には模試でどんな問題が出ても解けます。

なぜなら、そのクラスになると、現存する問題のほぼすべてに目を通し、覚えているからです。

すべての問題が見たことのある問題ならば、満点が取れて当然なのです。

知らない問題が出たら「出題者もなかなかやるな」と考える

もし知らない問題が出たら彼らはこう思います。

「あれ？この問題は、現存するどの参考書にも載っていない問題だぞ。私が見たことがない問題が出るなんて、なかなかやるな」

このように思えるようになったら、天才として勉強をしている証拠です。

ここを間違えてはいけないのですが、「凡人のまま、どうやって成績を上げるか」というアプローチで一生懸命に勉強しても、意味はありません。

「天才になったあと、どうやって成績を上げるか」

このように考え、努力しましょう。これこそが、正しい勉強法なのです。

すべての問題に見覚えがあれば誰でも満点が取れる

✕ これではずっと凡人のまま

1冊の参考書を
繰り返し勉強しよう
こんな問題
あの参考書には載ってなかった

○ 「瞬間記憶」で天才の勉強法に!

現存する参考書は
すべて買うぞ!
あの参考書と
同じ問題だ!

「やってはいけない勉強法」をしなければ、正しい勉強法は自然と身につく

まとめ

勉強法 その01	独学でがんばる	×
	先生をつける	○
勉強法 その02	通信教育で済ませる	×
	直接、話を聞いて教わる	○
勉強法 その03	家庭教師をつける	×
	塾に通う	○
勉強法 その04	小論文を自分で練習して、上手になろうとする	×
	小論文は添削してもらって、上手になろうとする	○
勉強法 その05	漢字の勉強をする	×
	漢字の勉強は一切しない	○
勉強法 その06	1冊の参考書を繰り返す	×
	現存する参考書はすべて買う	○

column

スィートスポット理論って？

「努力次第で、どんな分野でも成功できる」と言う人がいます。

違います。

何をしたかで、成功は決まります。

テニスのラケットは、中央に「スィートスポット」と呼ばれる部分があります。うまくそこに当たればボールはよく飛び、外れればボールはあまり飛びません。

これと同様に、**誰の人生にも「これをすれば成功する」という分野が、最低3つは存在します。**しかし、それ以外のことをしても、たいして成功しません。

これが**「スィートスポット理論」**です。

例えば、野球のイチロー選手は、野球で成功しました。ではテニスやサッカーなど他の分野でも成功したのかというと、そうではないはずです。「成功はゴールではなくスタートに存在する」（中谷彰宏）という言葉があります。

自分のスィートスポットを見つけ、それに向かって努力をすることが、成功への道筋なのです。

第2章

やってはいけない「記憶法」

この章で説明するのは、勉強の肝となる「記憶法」についてです。

ところであなたは、「頭がいい人」と聞くとどんな人を想像するでしょうか。

理解力が高い、知識が豊富、頭の回転が速い……などいろいろあるかと思います。これらに共通するのが「記憶力がいい」ということです。

問題を理解し判断する、それも速いスピードで……ということができるのは、“記憶した多様な情報を活用できる”ということにほかなりません。

誰かと比べて「自分は頭が悪いなあ」と思うのは、「自分は記憶力が劣っている」と感じた場面ではないでしょうか。

しかし、そこで「あの人は天才だから別なんだ」と諦めてはいけません。天才と同じ記憶力を手に入れればいいだけの話なのです。

さあ第2章を読んで、あなたも天才の「記憶法」を体得しましょう。

勉強法

その07

やってはいけない！

書いて覚える

これで天才に！

目で見て覚える

「暗記するためには、何度も書かなければいけない」

　このような考えを持ち、英単語などを何度もノートに書き写して勉強している方は多いです。

　しかし残念ながら、**覚えるために何度も書くというのは、もっとも非効率な勉強法です。**

　もちろん小学生のときは、漢字の書き取りがあったり、五十音を書けるようにならなければいけないので、書いて覚える必要があります。

　しかしこれは、そもそも「文字を書く」という行為に慣れていないくらい小さい子どもだから必要なことなのです。

目で見て覚える訓練をすれば覚える効率は6倍に

　中学校に入ったら、この「書いて覚える」勉強法はやめましょう。

　ついつい小学生のときからの習慣で、新しい知識についても書いて覚えようとしてしまう人が多いのですが、時間ばかりがかかる方法で、悪習慣です。そう割り切って、もっと効率のよい「目で見て覚える」訓練をしましょう。

　書いて覚える方法がどのくらい非効率なのか、具体的に説明していきます。

　たとえば、ある英単語を書いたとします。すると、1つの英単語につき、書き終えるまでに6秒かかります。

　これを目で見たら、たったの1秒で終わります。6秒かかっていたものが1秒で済むわけですから、単純計算で6倍のスピードの差が生まれます。

　1分間勉強したとしたら、書く方法だと10個の単語しか覚えられません。しかし、見る方法ならば、60個の単語を記憶できるのですから、その差は明らかなのです。

記憶するには手を動かすよりたくさんの反復が大事

　記憶するために大切なのは、「反復した回数」です。

　10回書いて60秒かけて覚えるよりも、60秒で60個の英単語を見て復習したほうが、記憶は定着します。

　そのほうが、同じ時間でたくさん反復できるからです。

　たとえば、私たちは3歳のときまでに日本語をだいたい覚えますが、そのときに「書いて日本語を覚えた」という子どもは誰もいません。

　これは周りの人々が話している日本語を何度も耳で聞いて、親が話している姿を目で見て覚えたということです。

　日本語は耳で聞いて、目で見て覚えたわけですから、英語でも同じことができるはずなのです。

目で見て覚える勉強法はまず英語から始めてみよう

　英単語を書いて覚えるのではなく、目で見て、そして反復回数をひたすら増やして覚える。これこそが効率的な勉強法です。

「瞬間記憶」のトレーニングは、英単語を目で見て覚えるところからスタートするのです。

記憶で大切なのはどれだけたくさん反復できるかだ

×

もっとも非効率な勉強法!

書いて覚える勉強法

1単語6秒かかるなら**60秒で10単語だけ**

○

書いて覚えるより効率は6倍!

目で見て覚える勉強法

1単語1秒なら**60秒で60単語も!**

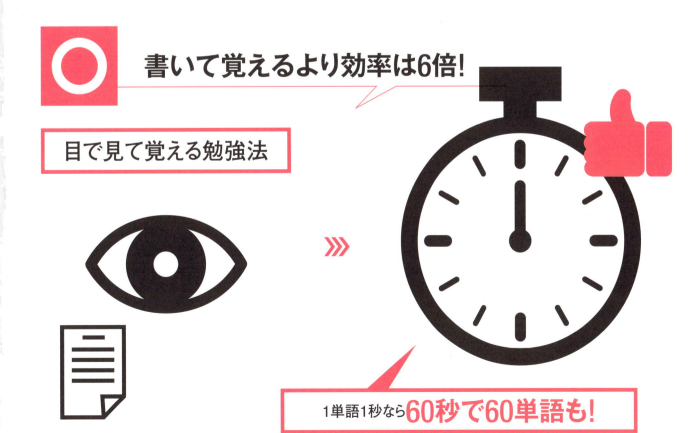

勉強法

その08

やってはいけない！

机の前に座って覚える

これで天才に！

歩き回りながら音読する

目で見て覚えることも効果的ですが、さらに広く言えば**「五感を使って覚える」**というのが、もっとも記憶に定着します。

目で見て、口で音読して、歩き回りながら覚える。体のいろいろな部分を動かしながら記憶に定着させるのです。

これが、もっとも効率がいい方法です。

私はこれを**「二宮金次郎式暗記法」**と名付けています。

暗記の効率を上げるために通学時も五感を活用する

皆さんも、小学校の校庭で一度くらいは二宮金次郎の銅像を見たことがあるのではないでしょうか。

二宮金次郎の銅像は、本を持ちながら歩いて、ブツブツ言いながら勉強している姿になっています。

重い薪《まき》を背負っていますが、これは自分に負荷をかけることでさらに五感を刺激して、暗記がはかどる効果があるのでは、と私は考えています。

実際、私はリュックやランドセルを背負って、ブツブツ言って歩きながら暗記をしたらさらに効果があると考えました。

そのため、受験時代は私は手さげカバンではなくリュックサックにして、塾に通っていたのです。

手さげカバンからリュックサックに変更しよう

「二宮金次郎式暗記法」は、確かにほかの人に見られたら恥ずかしいという弱点はあります。ですが、**同じ時間を効率的に使い、記憶させるという観点から見たら「二宮金次郎式暗記法」がベストです。**

もし、あなたが手さげカバンで通学しているのであれば、リュックサックに変えてみましょう。

そうすることで両手が自由になり、通学途中でも本を読むなどして勉強に励むことができます。

そしてそのほうが五感を刺激し、暗記の効率そのものを上げることにつながるのです。

勉強中はリュックサックで

二宮金次郎式暗記法で五感を使って効率UP!

勉強法 その09

やってはいけない!

静かな場所で覚える

これで天才に!

わざと雑音があるところで覚える

適度な雑音は勉強に最適

ガヤガヤ
ガヤガヤ
適度な雑音が集中できる!
シーン
逆に落ち着かない!

「勉強するためには、静かな場所が一番いいはずだ」

こう、当たり前のように思っている人がいます。

違います。

わざと少し雑音があるところで勉強をするのが、もっとも効果的です。

なぜかというと、**雑音をシャットアウトした瞬間に、人は集中状態に入るからです。**

雑音がまったくない無音状態だと、人間というものは逆に落ち着かなくなって集中できないのです。

歌やリラックス音楽を聴くより適度な雑音のほうが集中できる

もちろん、うるさすぎる場所で勉強しようとするのは、間違っています。

適度な雑音が一番です。

以前、電車が通る線路沿いに住んでいたことがあるのですが、不定期に電車が通って集中が削《そ》がれるので、なるべく図書館や自習室に行って勉強をしていました。

ただし、無音がダメだからといって、**音楽を聴きながら勉強をするというのはもってのほかです。**

とくに日本語の曲は、歌詞が耳に入るとそれが気になって、勉強に集中できなくなります。

それであれば外国の曲やアフリカ民謡などの、聴いても歌詞の意味がほとんどわからない曲のほうがまだいいです。

とはいえ、そもそも音楽を聴かないほうが集中できます。

ちなみに〝川のせせらぎ〟のような「α波が出て集中できますよ」という謳《うた》い文句の音楽も私は試してみました。音楽と比べると悪くはないのですが、聴いていると逆にα波のCDがないときに集中力が落ちるという習慣になりかねませんでした。そのため、これもあまりオススメしません。

あくまで、普通の雑音があるくらいのところで暗記するのが一番はかどると思ってください。

ごくごく普通の雑音があるところで勉強に取り掛かるのが、効果的なのです。

勉強法 その10

やってはいけない！

何も考えずに電車の席に座る

これで天才に！

連結部分の隣を狙って電車の席に座る

電車で通学するときに、何も考えずに電車に乗っている方がほとんどです。

「座れたらラッキーだけど、座れなかったら残念」

これくらいしか考えていません。これは非常にもったいないことです。

なぜかというと、電車というのは30分、1時間と、まとまった勉強時間が取れる貴重な乗り物だからです。

もしも電車の車内という空間を「適度な雑音がある勉強部屋」に変えることができれば、これまでゲームや居眠りで無駄に使っていた時間を、もっと有効活用することができるはずです。

では電車に乗るときは、いったいどこの座席に座るのがいいのでしょうか。

答えはもう決まっています。

「連結部分の隣の席」です。

電車の車輪の音は最高の雑音だ

連結部分の隣の席というのは、横に机のようにモノを置ける場所もあります。そのため、勉強するには最適なのです。

それでいて、同じ車両に乗り合わせているほかの人々の会話よりも、ガタンゴトンという車輪の音が耳に入ります。

人の会話は、耳に入ってくるとどうしてもその内容が気になってしまい、集中を削がれます。

しかし車輪の音だったらそんな心配はありません。

集中するための雑音としてはもってこいというわけなのです。

最高の勉強部屋にするために電車で座る場所を選ぶ

「電車に乗るときの特等席は、連結部分の隣である」

このことをわかっていれば、電車に乗るとき、駅のホームで並ぶ場所もおのずと決まってきます。

向かって右に連結部分がある車両の場合は、一番右に並びます。

向かって左に連結部分がある車両の場合は、一番左に並びます。

これを習慣づけるだけで、電車は最高の勉強部屋に変わります。

細かいところにこだわる人が勉強の天才になれる

もしかすると、ここを読んだ方の中には

「たかだが電車に乗るために、ここまでやるのか」

と思ってしまった人もいるかもしれません。

しかし、ここまでやるのです。「神は細部に宿る」と言われます。

勉強に集中するために、髪の毛一本分の利益でさえ見逃さないようにする。その姿勢がとても大切です。

そこまでこだわって行動できる人が、勉強の天才になれる人です。

ちりも積もれば山となります。時間を無駄にしてはいけません。

日常生活でちょっとした時間を見つけたら、その時間に勉強できないか考えるのです。

電車に並ぶときは連結部分の隣に座れる場所を狙う

× 勉強の時間を無駄にしている

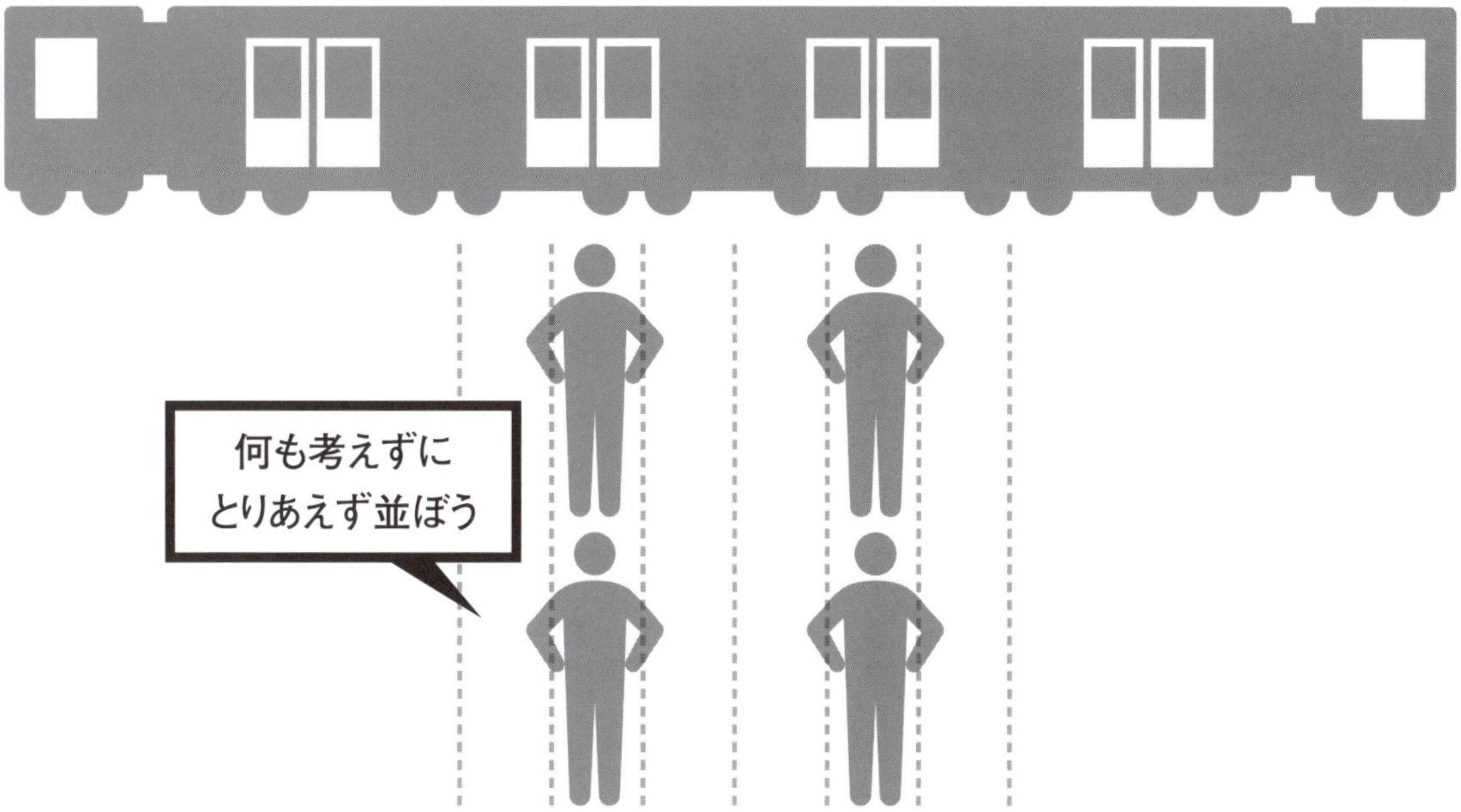
何も考えずに
とりあえず並ぼう

○ 電車に並ぶときも戦略的に

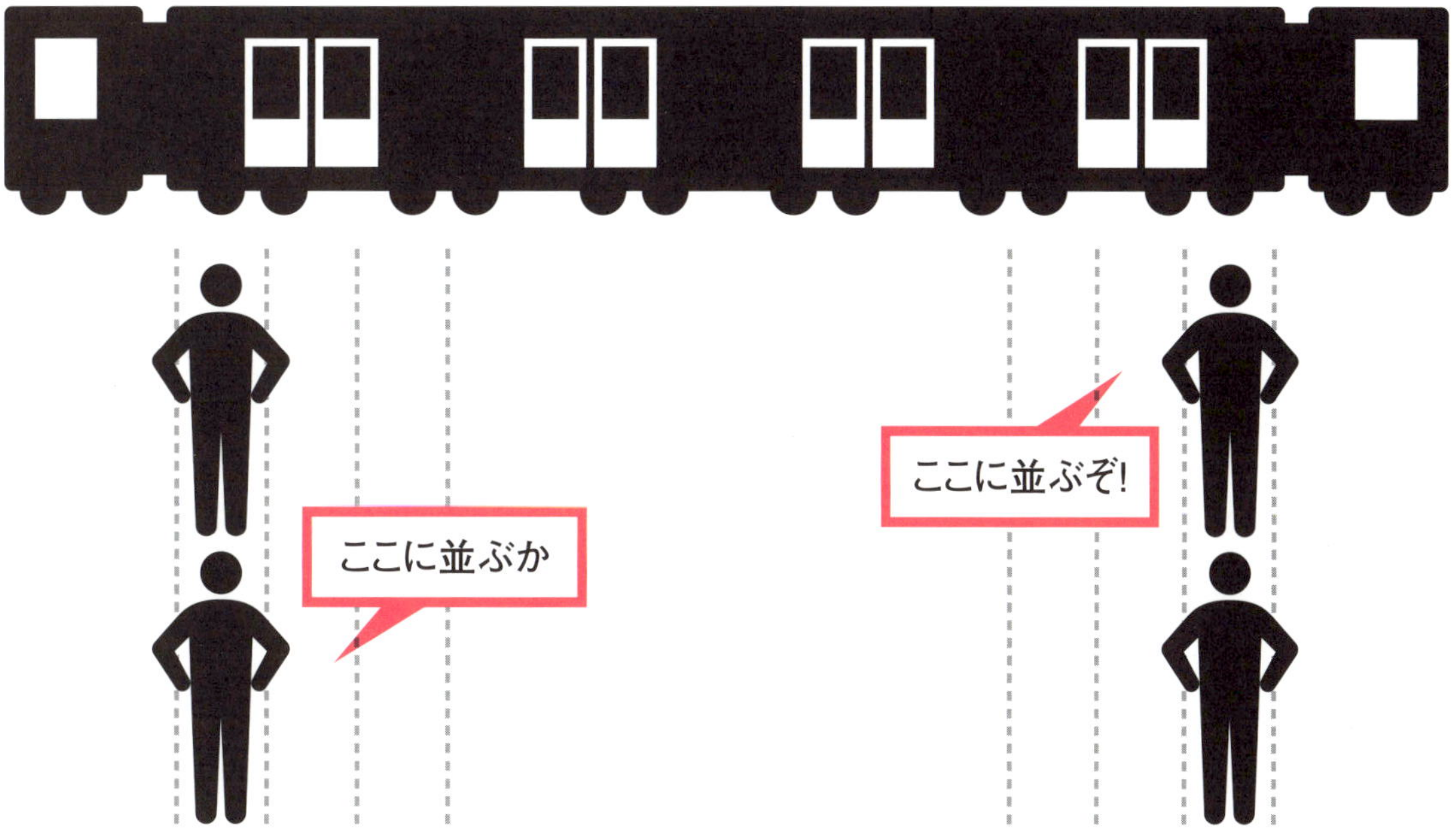
ここに並ぶか
ここに並ぶぞ!

勉強法

その11

やってはいけない！

黄色の蛍光ペン1色だけを使う

これで天才に！

赤・緑・黄・青の4色の蛍光ペンを使う

「蛍光ペンでアンダーラインを引こう」

そう言って、いつも黄色の蛍光ペンだけを持ち歩いている人がいます。

蛍光ペンを使って勉強することは間違いではありません。

ですが、蛍光ペンは1色だけではなく4色を使いましょう。

4色というのも、なんでもいいわけではありません。**赤・緑・黄・青の4色です。**

4つの色を使って右脳を刺激する

「右脳は色に反応する」ので、色を使って勉強するのは基本です。

とはいえ、色の使いすぎは禁物です。たとえば12色、24色も使ってしまったら「次はどの色にしようかな」という無駄な時間が生じてしまいます。

4色というのはちょうどいい数です。テレビのリモコンのカラーボタンも赤・緑・黄・青の4色ですし、幼児教育で使われるフラフープもこの4色です。

赤・緑・黄・青に、意味を当てはめて右脳を刺激するのが正解なのです。

色にはそれぞれ意味をつけて使おう

暗記をするときには、

赤→見た瞬間に0秒で意味がわかるもの
緑→3秒くらい考えて意味がわかるもの。うろ覚えのもの
黄→見たことはあるが、意味はわからないもの
青→見たことも聞いたこともないもの

このような意味で使い分け、アンダーラインを引きます。

そうすると、緑のものを暗記するのがもっともストレスが少なく、最短で覚えることができるものだということになります。

時間があれば黄色を緑に昇格させ、青を黄色に昇格させていくために、何度も眺めたり、音読したりします。

こうすることで、右脳を活性化させて記憶できるようになるのです。

さらに、日本史・世界史の場合は次のように使います。

赤→人名
緑→事件・出来事
黄→その他
青→年号

たとえば世界史の場合、「ハンニバル」という言葉が出てきたときに、人名なのか、国の名前なのか、通貨の名前なのか、事件の名前なのかがわからないと、暗記をするときに支障が出ます。

常にこの4色に色分けをしてから教科書・参考書を眺めることで、「瞬間記憶」の際にとてもスムーズに覚えられるのです。

「瞬間記憶」という必殺技のために4色分けをする作業は必要だ

たまに「色を塗る時間がもったいないので

4色の蛍光ペンを使い右脳を刺激して勉強する

暗記をする場合

赤	見た瞬間に0秒で意味がわかるもの
緑	3秒くらい考えて意味がわかるもの
黄	見たことはあるが、意味はわからないもの
青	見たことも聞いたこともないもの

歴史科目の場合

赤	人名
緑	事件・出来事
黄	その他
青	年号

はないか」と言う方がいるのですが、そんなことはありません。

最終的に**「『瞬間記憶』をいかにスムーズにしていけるか」**ということのために準備をするのが、天才の勉強法です。

ウルトラマンにたとえると、スペシウム光線を出すまでに、怪獣を投げ飛ばしたりして弱体化させていくのが、4色に分けていく作業です。

最終的に「瞬間記憶」に持っていくための作業は、避けて通れないのです。

「すべては『瞬間記憶』のために」こそが正しい勉強法だ

もし「瞬間記憶」という必殺技があるとどうなるか、想像してください。

試験の前日に、世界史であれば8400問を復習することが可能です。

8400問を見直せば、入試に出る問題の9割がカバーできます（『1分間日本史完全版6000』『1分間世界史完全版6000』参照：キンドルにて販売中）。

また数学では試験の前日に、1問1秒で、6000問の復習をすれば、大抵は同じ問題が翌日に出ます。

だからこそ**「すべては『瞬間記憶』のために」と考えて勉強をするのが、天才としての正しい勉強法なのです。**

勉強法 その12

やってはいけない!

わからないものをわかるようにするのが勉強だ

これで天才に!

青→黄→緑→赤に昇格させていくことが勉強だ

前項の色分けに関して、もう少し掘り下げていきます。

「学校の授業を聞いて、わからないことをわかるようにしていくのが勉強だ」

と、当たり前のように考えている人は多いです。もし本当にそうならば、学校の授業を受けている人は全員成績が上がって、全員が東大に合格できていなければおかしいです。

つまり**「わからないことをわかるようにすることだけが勉強なのではない」**ということに気づく必要があるのです。

「まったく知らない」を「見たことがある」に昇格させる

勉強には4段階あります（左ページの図を参照）。**青のものを黄に、黄のものを緑に、緑のものを赤に昇格させていくことが、勉強なのです。**

まず、青の「見たことも聞いたこともない」状態では、何も頭に入ってきません。

たとえば、理科で出てくる「ブラウン運動」という言葉をまったく知らなければ先へ進めません。まずは「ブラウン運動という言葉を、最近何回も聞くなあ。意味はわからないけど」という状態になる必要があります。

この「まったく知らない状態→見たことがある」という青→黄の段階にかけて、一番有効なのが「音読」です。

何度も口に出していれば、馴染みのある言葉になっていきます。

「わからない」を「わかる」に昇格させる

次は、黄→緑にしていく作業です。

ここが**「わからないものをわかるようにする」**という作業で、学校の授業や塾の授業はこの部分を担っています。「わからないものを、わかるようにするのが勉強だ」というのは、勉強の全体像の3分の1しか、捉えていないということだったわけです。

この段階で「微粒子がランダムに動く運動のことを、ブラウン運動というのだ」ということがわかれば、「ブラウン運動か。微粒子がランダムに動く運動のことだな」ということが腑《ふ》に落ちます。

「わかる」を「うろ覚えの状態」に昇格させる

次に、緑→赤にしていく作業です。

「ブラウン運動か。えーっと、なんだっけ。あ、そうそう、微粒子がランダムに動く運動か」と、見て3秒くらい考えて思い出せる状態（うろ覚えの状態）が、緑の状態です。

そして最後に、うろ覚えの状態から、見た瞬間に0秒でわかる状態にしていくと、完璧な記憶になるというわけです。

勉強の4段階を色分けし最速で得点を上げる

一般に勉強は、

「青→黄→緑→赤」

という順番でしていきますが、青→黄がストレスがかかります。見たことも聞いたこともないものを、馴染みのある状態にするのは大変だからです。

最速で得点をアップしたいなら①→②→③の順番しかない

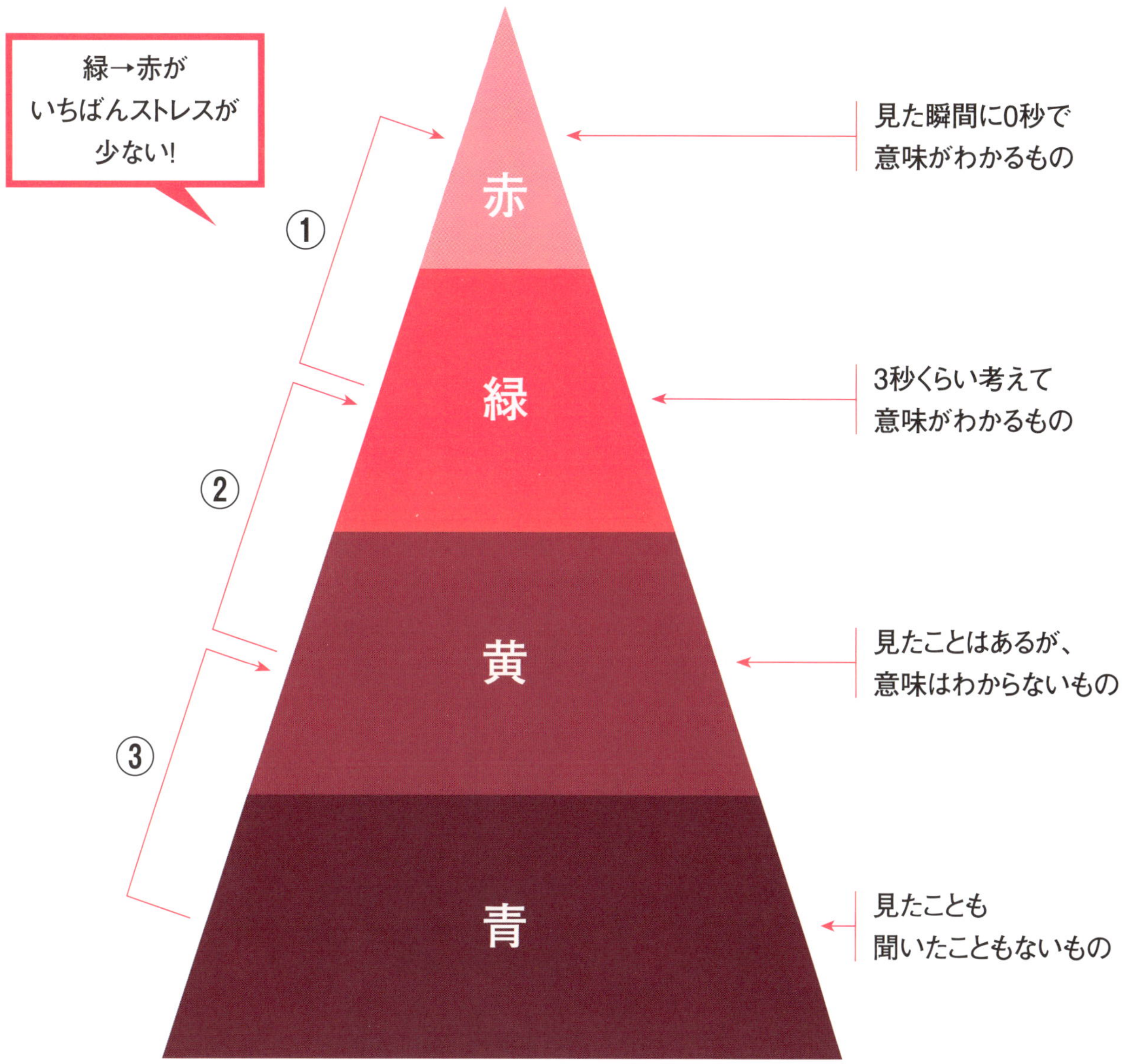

たとえばラグビーに興味がない人が「ラグビーのルールブックに目を通せ」と言われても、抵抗《ていこう》があります。

とはいえこの「青→黄」は避けて通れないので、挑戦が必要です。

ラグビーに興味を持ったら「タックルってどんな意味だろう?」「バックスってどのポジションなんだろう?」と、ルールを理解するステージに行けますし、何度もバックスという言葉を聞いたら学びやすくなります。

「緑→赤」の作業を最優先にする

一番時間がかからず、成績に直結するのは、「緑→赤」の作業です。 ここは「瞬間記憶」の出番です。

とにかく、大量のうろ覚えのものをどんどん目に入れていけば、記憶に定着させていくことができます。

多くの受験生が「わからないものをわかるようにする」という、「黄→緑」の作業に一番多くの時間を費やしています。**それよりも大切なのは「緑→赤」の作業です。**

もっともストレスが少なく、成績が上がるのですから、この作業をしない手はないでしょう。

なので、あなたが勉強に取り掛かる順番は、上の図の①→②→③の順番なのです。

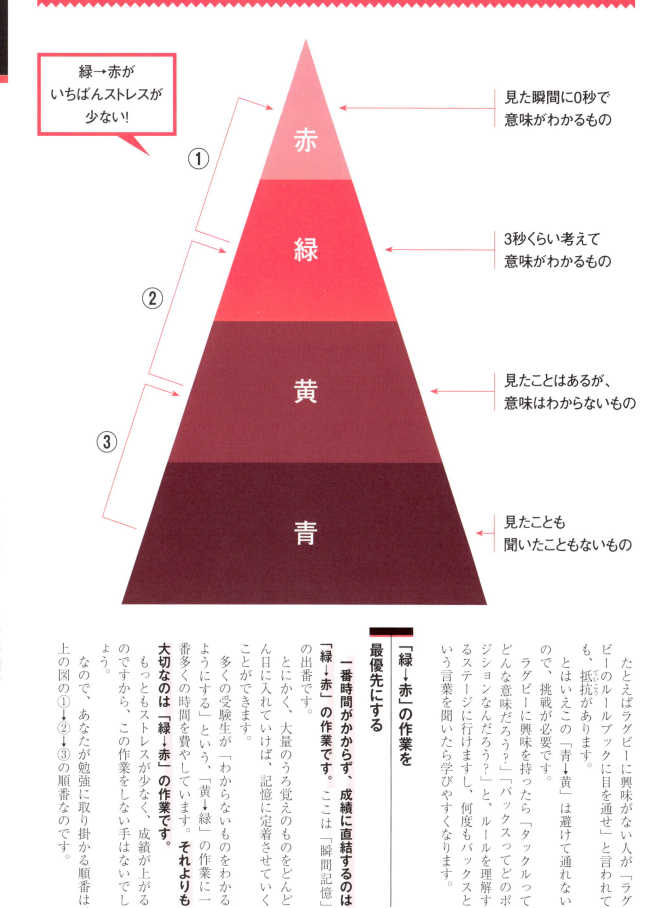

勉強法

その13

やってはいけない！

一発で覚えようとする

これで天才に！

3回以上、繰り返し見て覚えようとする

「瞬間記憶」というと、「一発で見てすべてを暗記することだ」と思われる方がいます。それは違います。一発で覚えたとしても、それは一発で忘れる記憶と同義だからです。

「少なくとも3回は見て覚えるのが、『瞬間記憶』である」と考えてください。

「脳は、繰り返されたものを大切なものだと感じる」という特徴があります。試験当日まで覚えていなければいけないので、最低3回は見て覚えることで、長期記憶に定着させていく必要があるのです。

まずは短期記憶に繰り返すことで長期記憶になる

記憶には2種類あります。

短期記憶……20秒以内

長期記憶……20秒以上

これを利用しているのがCMです。基本的にテレビのCMは15秒、ラジオのCMは20秒です。CMのように、**まずは短期記憶に訴え、何事も繰り返すことで、長期記憶に移していくのが正しい記憶法です。**なので、一度見て覚えて忘れないことを目指すよりも、3回以上見て忘れないことを目指したほうが、試験当日のためにはいいのです。

「倒すのではない。当てるんだ。そうすれば勝てる」

という、ボクサーのモハメド・アリの言葉があります。一発の右ストレートで倒すのではなく、何度もジャブを打つことで相手を倒すのです。

同様に、**とにかくジャブを当てていくことが、暗記の必勝法です。**私はこの方法のことを「ジャブKO法」と呼んでいます。

試験当日まで忘れないために「瞬間記憶」のジャブを繰り返す

では、どのくらいジャブを打つのが「瞬間記憶」にはいいのでしょうか。

①3回繰り返し見て覚える→大天才レベル

②9回繰り返し見て覚える→かなりな天才レベル

③21回繰り返し見て覚える→天才レベル

という3つの基準があると考えてください。

「1回見ただけで覚えたよ」という超天才もいるかもしれませんが、そういう人は、1ヵ月後には忘れていることも多いのです。

3回・9回・21回が反復にちょうどいい数字

なぜ3回・9回・21回なのでしょうか。

「人は3回言われて、やっと本当だと信じる」と言われます。「安い」と一度言われても信じませんが「安い、安い、どこよりも安い」と言われたら「そうかも」と感じます。

9は、3がさらに3倍になった数です。なので**「これは大切なんだな。記憶しておかなければ」と脳に信号を送ることができます。**

21は「潜在意識は21日で切り替わる」と言われたり、タロットカードのザ・ワールド（正位置の場合「完璧」を意味する）というカードが21番だったりと、完全なる世界をつくり上げるための数字と考えられています。

なので、3回・9回・21回、「瞬間記憶」を繰り返すことで、記憶に定着させていくのが正しい暗記術なのです。

21回繰り返して覚える「ジャブKO法」が暗記の必勝法

×　1回で覚えたつもりになっても
1ヵ月後には忘れている

○　21回の「瞬間記憶」を繰り返して
記憶に定着させていく

勉強法
その14

やってはいけない!
覚えようとする

これで天才に!
忘れようとする

「覚えなければ!」と気合を入れて暗記をしようとしている人がいます。その場合、ほとんど覚えられないはずです。

「覚えなければいけない」と思うと、失敗します。「やっぱり覚えられなかった。暗記は苦手だ」となるわけです。

では、どうしたらいいのでしょうか。

そう。**覚えたいと思ったら、忘れようとすればいいのです。**禅問答のような話ですが、一体どういうことか、ご説明します。

『巨人の星』でなぜ魔球が生まれたのか?

『巨人の星』というマンガで、主人公の星飛雄馬《ひゅうま》が魔球を編み出すために、禅寺の和尚《おしょう》のところで修行するシーンがあります。座禅を組んでいる飛雄馬の肩を和尚が棒で叩いて、こう言ったのです。

「打たれまい、打たれまいとするから、打たれるのだ。一歩進んで、打ってもらおう。この気持ちがあれば打たれないのだ」

ここで「がーん!」と飛雄馬は衝撃を受けて、インスピレーションが湧きます。

この経験から「わざとボールをバッターのバットに当てて凡打にする」という大リーグボール1号が誕生するのです。

暗記についても同じです。**「覚えよう、覚えようとするから、忘れるのだ。一歩進んで、忘れよう。忘れようとすれば覚えられる」**

これが天才の暗記法なのです。

天才は凡人と逆のことをする

天才は、普通の人の逆をすることで成功します。天才バッターと呼ばれた元・広島東洋カープの前田智徳《とものり》選手は「バットをゆっくり振って、ホームランを打つんだ」と言っていました。

普通の選手は速いスイングをしてホームランにしようとするところを、彼はまったく逆の悟りを得ていたのです。

また大リーグのイチロー選手は「わざと詰まらせて、ヒットを打つ」と言っています。

普通はボールが詰まったらピッチャーの勝ちで、詰まらされたらバッターの負けと言われています。

そこを、あえてボールを詰まらせ、バットコントロールをして好きな場所にボールを落とすというのが、イチロー選手です。

暗記に関しても、天才はまったく凡人とは逆の発想をするのです。

忘れようとすればするほど結果として覚えられる

凡人は、覚えようとして、失敗して、覚えられないという結果が待っています。

天才は、忘れようとして、失敗して、覚えているという状態をつくり出します。天才は、忘れることにわざと失敗することで暗記をするのです。

あなたは、暗記をするときに「がんばって覚えるぞ」としていなかったでしょうか。

違います。**忘れようとすればするほど、結果として覚えられるのです。**

天才として勉強をするということは、凡人とは逆のことをするということなのです。

忘れようと努力して失敗し結果的に「覚えている」状態に

✕ 凡人は覚えようとして失敗し、忘れてしまう

覚えるぞ!
覚えるぞ!
忘れた…

○ 天才は忘れようとして失敗し、覚えている状態をつくる

覚えてる!
忘れよう!
忘れよう!

凡人とは逆の発想をしよう!

やってはいけない「記憶法」まとめ

勉強法その07	書いて覚える	×
	目で見て覚える	○
勉強法その08	机の前に座って覚える	×
	歩き回りながら音読する	○
勉強法その09	静かな場所で覚える	×
	わざと雑音があるところで覚える	○
勉強法その10	何も考えずに電車の席に座る	×
	連結部分の隣を狙って電車の席に座る	○
勉強法その11	黄色の蛍光ペン1色だけを使う	×
	赤・緑・黄・青の4色の蛍光ペンを使う	○
勉強法その12	わからないものをわかるようにするのが勉強だ	×
	青→黄→緑→赤に昇格させていくことが勉強だ	○
勉強法その13	一発で覚えようとする	×
	3回以上、繰り返し見て覚えようとする	○
勉強法その14	覚えようとする	×
	忘れようとする	○

column

答えを間違ったら、記憶のフックにするチャンスだと思おう

答えを間違えたら、消しゴムで消してはいけません。間違った答えにバツをつけて、横に正解を書きます。**間違ったことを逆手にとって、記憶のフックにするのです。**

「間違う」というのは、なかなか意図的にできることではありません。

無意識に間違ってしまった問題は、勝手に思い込みをしていた問題です。逆に記憶に定着させるチャンスと考えて、利用するのが、正しい記憶法なのです。

第3章

やってはいけない「英語勉強法」

この章では「英語」の学習に特化した手法をお伝えしていきます。

「瞬間記憶」のマスターのための最初の一歩は、英単語を目で見て覚える訓練こそベストです。実際、私は1単語1秒で、3ヵ月のうちに目で見て覚える「瞬間記憶」をマスターしただけで、英語の偏差値が30から70になったのです。

正しい記憶法を知って「瞬間記憶」ができれば、まず成績を上げられるのが「英語」です。


英語教育はどんどん早期化し、誰もが英語の勉強に膨大な時間をかけているにもかかわらず、英語をマスターできている人は少ないです。英語が苦手という人は、おそらくこの「やってはいけない」ほうの英語勉強法をしています。

覚えるものが多い教科だからこそ、正しい順番で無駄なく効率的に勉強を進めていく必要があるのです。

他者と差をつけ天才として勉強を始めるのに「英語」は最適な教科なのです。

勉強法

その15

やってはいけない！

学校の教科書を使って、英語を勉強する

これで天才に！

参考書・問題集を使って、英語を勉強する

「学校ではちゃんと英語の授業がある。だから学校の教科書を完璧にしておけば成績は上がるはずだ」

世の中には、英語の勉強に関してこのように考えている方がいます。

しかしこれは、明らかに間違っています。

学校の授業を受けているだけで英語の成績が上がるのであれば、誰でも東大合格レベルの英語力が身についていることになってしまいます。

でも、そんなことがあるわけがないことは、あなたもよくご存じのはずです。

英語の教科書の内容は入試では出題されない

実際のところ、**学校や教科書で習った英語というのは、あまり入試本番では出題されません。**

なぜなら、もし英語の教科書に書いてあることが試験に出たら、学校に通っている人は誰でも満点が取れてしまうことになり、試験が成立しないからです。

このため、教科書とは関係ないところから、大学入試の英語試験の問題は出題されるのです。

ただし、日本史・世界史に関しては別です。こうした歴史の教科に関しては、学校の教科書から出題されるケースが多いです。そのため、日本史や世界史については、教科書を使った勉強法は正しいといえます。

ですが英語に関しては、教科書に載っている文章がそのまま出るということはまずありえません。

英語を勉強する場合には、まずこのことを念頭に置いておくことが大切なのです。

英語の勉強を効率的に行うために学校の教科書は使わない

学校の授業や教科書でどれだけ一生懸命勉強しても、入試に出る問題に関して勉強をしなければ、本番の入試ではまったく得点につながりません。

では、英語の勉強はどうやっておこなえばいいのでしょうか。

正解は、参考書や問題集を使って勉強する、ということです。本番の入試で出題されるのはここからだからです。

多くの人はこのことを理解していないがために、やっても意味のない勉強法をしてしまっているのです。

授業の成績が悪くても模試で1位は取れる

正直な話をすると、私自身、学校での英語の授業は、ほとんど聞いていませんでした。

そのため、学校のテストではなかなか点が取れず、英語の成績は平均点以下でした。

にもかかわらず、全国模試の英語では1位を取れていました。

どれだけ学校の英語の授業と、入試の英語の内容が異なるものなのかを示している証《あかし》といえるでしょう。

入試本番に出るところは勉強するが、入試本番に出ないところは勉強しない。試験に合格することを目標とするならば、これが正しい勉強法なのです。

英語は教科書で勉強しても試験本番では役に立たない

✕ 英語は授業や教科書で勉強しようとしても意味がない

○ 入試本番で出題される参考書や問題集をしっかり勉強!

勉強法
その16

やってはいけない！
辞書を引く

これで天才に！
頭のなかに辞書をつくる

英語の勉強で辞書を使っている人がいます。ですが、**辞書を引いている時間が、英語の勉強のなかではもっとも無駄な時間です。**

わからない英単語があって、辞書を引いていたら、30秒～1分くらいの時間が経過してしまいます。

1分あれば、1単語1秒で、60個の英単語の復習をしたほうが効率的です。

それに辞書を引いて調べるのに1分かかるのであれば、先生に聞いたほうが早いです。「ｄｏｇ」という単語を辞書で引いて調べている時間があったら「先生、ｄｏｇってどういう意味ですか?」「犬ですよ」と答えてもらったほうが、時間短縮につながります。

辞書を「引く」のではなく頭のなかに辞書を「つくる」

英語の辞書を引く習慣をなくす。これだけでも大幅な時間短縮につながります。

「いつも辞書を持ち歩きなさい」と言う先生がいますが、辞書を持ち歩くのは重いだけです。いまの時代、辞書を引かせたり持ち歩かせたりするのは、先生による「パワハラ」ではないかと、私には思えるくらいです。

では、どうしたらいいのでしょうか。答えは簡単。**「頭のなかに辞書をつくる」。**これが正解です。

まず英単語帳を使って、英単語を暗記します。その次に英熟語帳を使って、英熟語をマスターします。その後、英文法の問題集を使って、英文法を完璧にします。

英単語・英熟語・英文法を完璧にしたあとに、英語の長文読解をすれば、辞書を引く機会はゼロになるのです。

「瞬間記憶」ができれば辞書を引く必要がなくなる

では、英単語に関しては、どのくらいまで覚えたらいいのかというと、**「志望校の長文問題を読んだときに、1つの長文につき知らない単語が5個以内」**という状態が理想です。

「知らない英単語は1つもないぞ」というくらい英単語を暗記してしまったら、それはそれで英単語の勉強のしすぎです。その時間があったら、英熟語・英文法の時間に回したほうがいいです。

私の場合は、志望校が東京大学と慶應義塾大学でした。なので、

「東京大学の長文を読んだときに、知らない単語が5個以内」

「慶應義塾大学の長文を読んだときに、知らない単語が5個以内」

という状態を高校2年生のときにつくっておいてから、長文読解に取り掛かりました。そのため、高校3年生のときには一度も辞書を引くことなく、全国模試で1位を獲得していました。

いや、逆に考えれば**「一度も辞書を引かなくていい状態をつくってから、長文読解に取り掛かったので、全国1位を獲得できた」**とも言えます。

「知らない単語が5個以内なんて無理だ」と思った方もいるかもしれません。ですが「瞬間記憶」ができても無理でしょうか。

英単語を使って「瞬間記憶」の練習をすることで、英単語の暗記と同時に「瞬間記憶」をマスターすればいいだけなのです。

頭のなかに辞書をつくってから長文読解に取り掛かる

✕ 長文を読みながら辞書を引き、英単語を勉強するのは時間の無駄

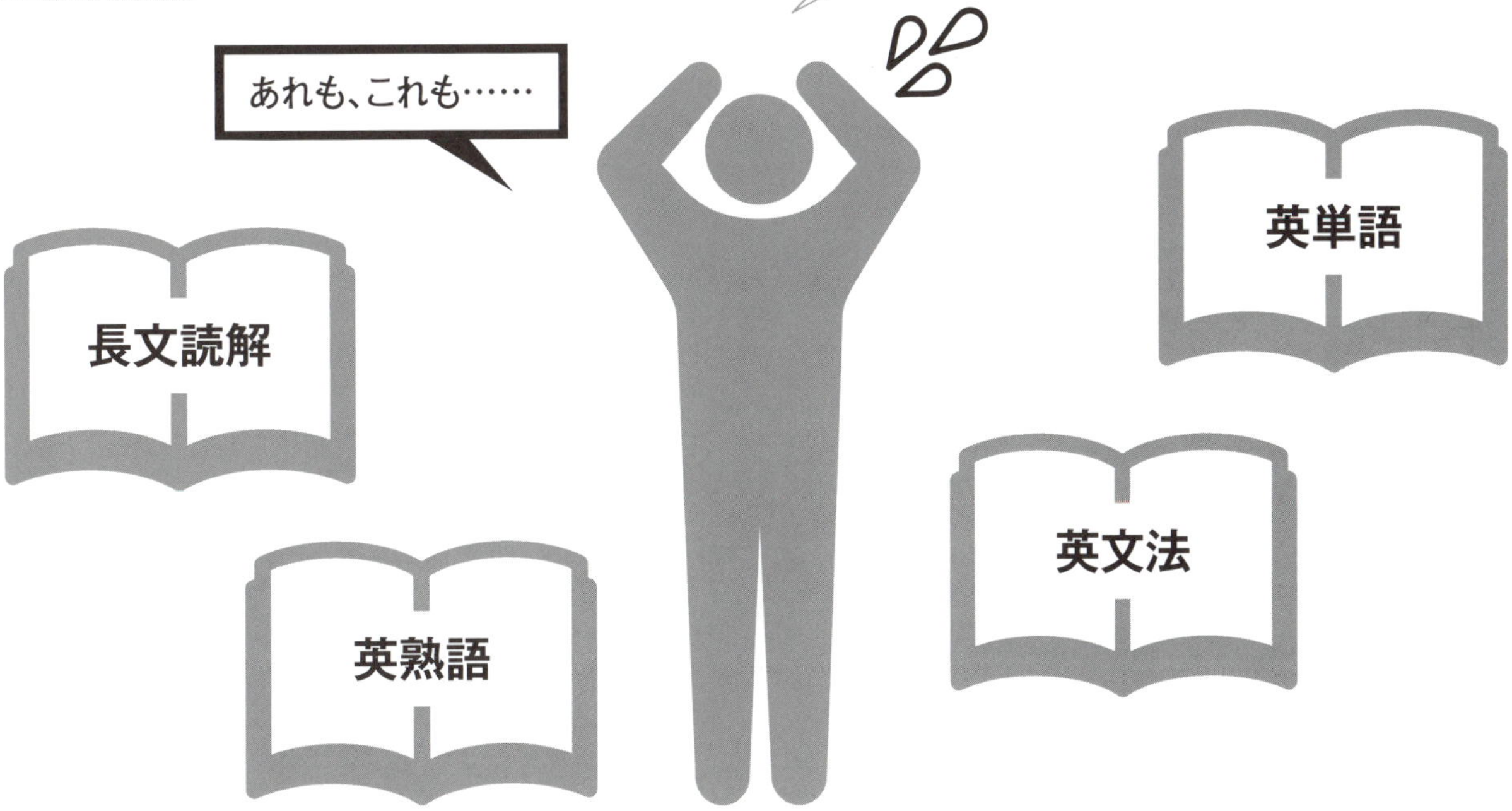

○ まずは頭のなかに辞書をつくり それから英熟語、英文法へ!

1つの長文につき、知らない単語を5個以内にする!

勉強法 その17

やってはいけない!

配点が高いので、まずは長文のトレーニングをする

これで天才に!

偏差値65になるまでは、英語の長文は一切読まない

英語の入試問題のなかで、一番配点が高いのが長文読解です。

「一番配点が高いのだから、長文読解のトレーニングをしなければ」と言って、辞書を片手に長文ばかりを読んでいる人がいます。

時間の無駄です。

なぜなら長文読解は、凡人にとっては、そもそも時間がかかるものだからです。

とくに、**英単語・英熟語・英文法の知識が不完全な状態で長文を読むと、内容がわからない状態で読むことになるので余計に時間がかかります。**

そのように非効率な時間を過ごすのであれば、いっそのこと、長文は一切読まないほうが、英語の成績は最短距離で上がります。

英語の長文読解の勉強は偏差値65になるまでやらない

私は常々「**偏差値65になるまでは、英語の長文は一切読むな**」と言っています。

まず、志望校の入試問題において、知らない英単語が5個以内になるまで英単語を暗記しましょう。さらに英熟語・英文法も完璧にすれば、偏差値65までは成績が伸びます。

長文読解をせずに、偏差値65になって初めて英語の長文読解に取り掛かれば、辞書を引かずに長文読解することができるようになり、かなりのスピードで長文を読めるようになります。

英語の長文に対する飢餓状態を意図的につくる

この勉強方法を実行すると、「**長文に飢えている**」という状態で長文を読むことになります。すると、どんどん内容が入ってくるようになるのです。

野球でも、あえてボールを打つ練習をせずに素振りばかりをして、その後、試合に臨むことで「ボールを打つことに飢えている状態」になり、いい結果を残すことがあります。

英語も同じです。

長文に飢えている状態をつくったあとで長文読解をすることで、最速で長文を読み進められるようになるのです。

「長文に飢えている」状態で長文問題を勉強!

勉強法 その18

やってはいけない！

長文を読みながら、同時に英単語・英熟語・英文法を学ぶ

これで天才に！

英単語→英熟語→英文法→長文の順で勉強する

分けて学ぶのが効率的

非効率な勉強というのは、未熟なうちから「同時に」勉強することです。

長文を読みながら辞書を引いて、知らない英単語を学ぼうとして、見たことがない英熟語をノートにとり、英文法について参考書で調べている人がいます。

一見、同時におこなったほうが効率的に思えますが、完全な間違いです。

最初から知らない英単語もなく、知らない英熟語もなく、知らない英文法もない状態で長文を読んだほうがスピードは上がります。

勉強のコツは一つひとつ分けること

では、その状態になるために、効率的に勉強するにはどうしたらいいのでしょうか。

大切なのは「分ける」ということです。

勉強するときは、一つひとつ分けて勉強するほうが、スピードは上がります。

英単語を勉強するときは英単語だけ。英熟語を勉強するときは英熟語だけ。英文法を勉強するときは英文法だけ勉強します。

そうすることで、トップスピードで勉強ができるようになります。

順番に、個別に進めていくのが英語の成績を上げる最速の方法

また英語の成績を上げるために必要なのは**「順番」**です。

まず英単語を暗記します。そうすれば、英熟語・英文法を暗記するときに、知らない英単語がない状態で始められるからです。

英単語の次は英熟語です。

英熟語が完璧な状態をつくってから、英文法を勉強します。

そうすれば、英文法の例文を見ているときに「これは英熟語だな」というところが事前にわかるようになるので、英文法だけに集中できます。

英単語・英熟語・英文法の勉強だけをして、偏差値65を超えたら、長文読解のトレーニングに移る。

これが、最速で英語の成績を上げる必勝法なのです。

勉強法 その19

やってはいけない！

英単語帳を、最初のページから覚える

これで天才に！

名詞→動詞→形容詞→副詞の順番で覚える

英単語の勉強法について「英単語帳を使って、「瞬間記憶」のトレーニングをするのがベスト」と言うと、英単語帳に書いてある最初の単語から覚えようとする人がいます。

たまたま英単語の最初に書いてあるからといって、その英単語から覚えることには意味がありません。

「あきらめる」という単語でモチベーションが下がる

ＡＢＣ順の英単語帳があって、最初に掲載されている英単語が「ａｂａｎｄｏｎ（あきらめる）」という英単語が書かれている場合があります。

そうすると「英単語を勉強しよう！」と意気込んでいるのに、いきなり「あきらめる」という言葉を目に入れなければいけないわけです。

その英単語帳を開くたびに「あきらめる」と目に飛び込んできたら、だんだんと「英語の勉強そのものをあきらめたほうがいいのではないか」と、思ってしまいます。

このように最初のほうで「ａｂａｎｄｏｎ（あきらめる）」という単語が出てくる可能性があるので、ＡＢＣ順の英単語帳は避けたほうが賢明です。

では、どういう基準で英単語帳を選べばいいのでしょうか。

選ぶべき英単語帳は「名詞」から掲載されている英単語帳です。

英単語を覚える順番は名詞→動詞→形容詞→副詞だ

英単語で一番大切なのは、名詞です。

なぜなら名詞は「説明することが不可能」だからです。

「ｍｏｔｈｅｒ（母親）」という英単語は、ほかの言葉を使って説明できるでしょうか。「私を産んだ存在で、おばあちゃんの娘」などと言い換えていたら大変です。

「ｒｉｃｅ（米）」という英単語も説明不可能です。「日本の主食で、パンではない、粒状の白い食べ物」と言い換えるのはかなり苦しいです。

つまり、**名詞は、「そのまま丸暗記するしかない」ものなのです。**

ごちゃごちゃ言わずに覚えたほうが早いのが、「名詞」だというわけです。

単語だけでも最悪の場合会話はできる

さらに言えば、名詞がわかっているだけで言語というのはある程度成立します。

「お母さん！ ごはん！」と言われたら、意味が通じますよね？ お母さんも、ごはんも名詞です。

2つの名詞だけで意味が通じているわけです。「お母さん、ごはんを捨ててください」ではなく「お母さん、ごはんをください」だということがわかります。

外国のファストフード店に行って、「ハンバーガー、コーク」と名詞を言えば、ハンバーガーとコーラを買うことができます。

名詞さえ覚えてしまえばなんとかなるわけですから、**英単語を勉強するときも「知らない名詞はない」というくらい名詞を覚えるの**

英単語は「名詞」から覚える!

が、最速で成績を上げる秘訣です。

英語の場合、名詞の次に大切なのは「動詞」です。「何がどうした」の「どうした」の部分だからです。

名詞を覚えたあとに動詞を覚えます。

形容詞は名詞を修飾するものなので、名詞・動詞の次に大切です。

副詞は、動詞・形容詞を修飾するものなので、名詞・動詞・形容詞の次に覚えます。

つまり、**名詞→動詞→形容詞→副詞の順番で掲載されている英単語帳を使えば、最短で英単語をマスターすることができます。**

少なくとも名詞は名詞、動詞は動詞で分かれている英単語帳を選んで、使いましょう。

英単語を覚える場合も 順番を意識して勉強する

英単語→英熟語→英文法→長文読解という順番で勉強するのがいいと言いましたが、さらにこまかく分ければ、**名詞→動詞→形容詞→副詞→英熟語→英文法→長文読解**という順番だということです。

とにかく英語を勉強する場合は、重要なものから順番にひとつずつマスターしていくことが効率的です。

英語を勉強しようと思ったら、最初に取り掛かるのは「名詞を暗記する」ということを覚えておいてください。

勉強法 その20

やってはいけない！
1冊の英単語帳を使う

これで天才に！
英単語帳を9冊使う

「英単語を覚えるなら、1冊の英単語帳を何度も繰り返すのが、一番いいはずだ」

そう思っている人がいます。

これは、やってはいけません。

なぜなら、その英単語帳に掲載されていない英単語が必ず存在するからです。1冊の英単語帳しか勉強していなければ、いくら時間をかけても、そこに載っていない英単語を覚えることはできません。

少なくとも、3冊は英単語帳を持っておきたいところです。理想は9冊です。9冊あれば英単語の「抜け」はなくなります。

1冊の英単語帳に頼ると同じ刺激の繰り返しになる

1冊の英単語帳を繰り返しやることには、さらなるデメリットもあります。同じ刺激に頼ってしまうことになるからです。

「この英単語の次は、この英単語だ」と、英単語を順番で覚えてしまうケースもあります。

暗記をするときには、いろいろな角度から刺激を入れたほうが覚えられるのです。

「瞬間記憶」のための9冊の英単語帳の選び方

英単語帳を9冊使うといっても、別の単語帳なら何でもいいわけではありません。

前項でも説明したとおり、「あきらめる」という単語がいきなり出てくるものもあるからです。

英単語帳は名詞や動詞などがしっかり分かれているものにしましょう。

オススメの英単語帳としては、手前味噌になりますが、拙著『1分間英単語1600』（KADOKAWA）です。**これは私が3ヵ月かけて、「瞬間記憶」専用に開発したもの**なので、是非とも9冊のうちの1冊には加えていただけたらと思います。

個人的に、受験時代に一番優れた英単語帳だと思ったのは『大学入試英単語頻出案内』（上垣暁雄著　桐原書店）です。

世の中には「試験に出る、出ない」という基準でつくられた英単語帳が多いです。しかし、本書はさらに一歩進んで**「試験に出る英単語のなかで、得点につながるかどうか」**という基準でつくられています。

作者の上垣先生は『英語頻出問題総演習』（通称：桐原の英頻）の著者であり、どうしたら試験で高得点を取ることができるかを追求されている天才参考書作家の方です。

この本は残念ながらすでに絶版で、1万円以上で取引されていることも多いので、もしかすると入手は難しいかもしれません。

しかし、それだけ買う価値があるいい本なので、本当に英語を勉強したいと考えている方は、なんとか入手していただければと思います。

9冊の英単語帳を使って英単語のマスターを優先する

9冊中、この2冊を使うことで、英単語を最速で覚えられるようになるはずです。

本当に試験で点を取るために適した英単語帳を選び、それらを9冊ほど集めて**「知らない英単語はない」**という状態にしていくことで、英語の成績は最短距離であがるのです。

9冊の英単語帳を使い、いろいろな角度から記憶する

✕ その英単語帳に載っていない英単語は必ず存在する

ボロボロ……
1冊の英単語帳を
何度も繰り返すのが
一番いいはずだ!

○ 9冊の英単語帳を使えば英単語の「抜け」はなくなる!

勉強法 その21

やってはいけない！

例文が書いてある英単語帳を使う

これで天才に！

例文が書いていない英単語帳を使う

「例文があると覚えやすい。よし、例文がある英単語帳を使おう」

このように考え、英単語帳に書かれている例文を読みながら英単語を覚えようとする人もいます。

これも間違いです。

英単語帳は、英単語を覚えるためだけに使うべきであって、例文を読んでいたら時間の無駄になります。

「瞬間記憶」をするなら例文を読んではいけない

そもそも「瞬間記憶の訓練」として英単語帳を使うわけですから、例文があったとしても、一切読んではいけません。

もしも、いちいち例文を読んでしまったら、それだけで1つの単語につき、10秒くらい時間が経過してしまいます。

例文を読まなければ、1単語1秒で覚えていけます。つまり、例文がないというだけで、単純計算で勉強の効率は10倍になるわけなのです。

1単語1秒で、10単語分眺めたほうが効率的です。例文は必要ありません。

「瞬間記憶」に適しているのは一語一訳方式の英単語帳だ

また、余計な例文さえ書いていなければ英単語帳として合格かというと、そうでもありません。「瞬間記憶」で英語を勉強しようとするなら、「例文がない」だけではまだ足りないのです。

一番いい英単語帳は、1単語につき、1つの意味しか書いていないものです。

これを**「一語一訳方式の英単語帳」**と言います。一対一対応が、「瞬間記憶」にはもっとも適しています。

つまり、

「ｇｏｖｅｒｎｍｅｎｔ（政府、支配、統治）」と書いてある英単語帳はダメです。

これだと1つの単語に対して、3つの意味が書かれています。これでは「瞬間記憶」に適しているとはいえません。

「瞬間記憶」で勉強するのであれば、

「ｇｏｖｅｒｎｍｅｎｔ（政府）」と書いてあるだけの英単語帳がベストということです。

これなら1つの単語に対して1つの意味しか書かれていないからです。

複数の意味が書かれていたらマジックペンで消そう

では、もしも持っている英単語帳に2つ以上意味が書いてあったら、どうすればいいのでしょうか。

この場合、**ほかの意味を黒のマジックペンで塗り潰してから使うと、頭に入りやすくなります。**

この「英単語帳に2つ以上の意味があったら、1つだけにする」という作業が、時間がかかります。

そして、この作業に時間をかける意味はまったくありません。

なので、**そもそも1つの意味だけが書いてある英単語帳を使うというのが、もっとも効率的なのです。**

意味が1つしか書いていない英単語帳を使う

✕ 例文を読むのは時間の無駄！意味が2つ以上あるのもNG

government
＝政府、支配、統治

例文:
The federal government enacted the following legislation.
（連邦政府は次の法律を制定した。）

○ 「一語一訳方式の英単語帳」が「瞬間記憶」には最適

government
＝政府

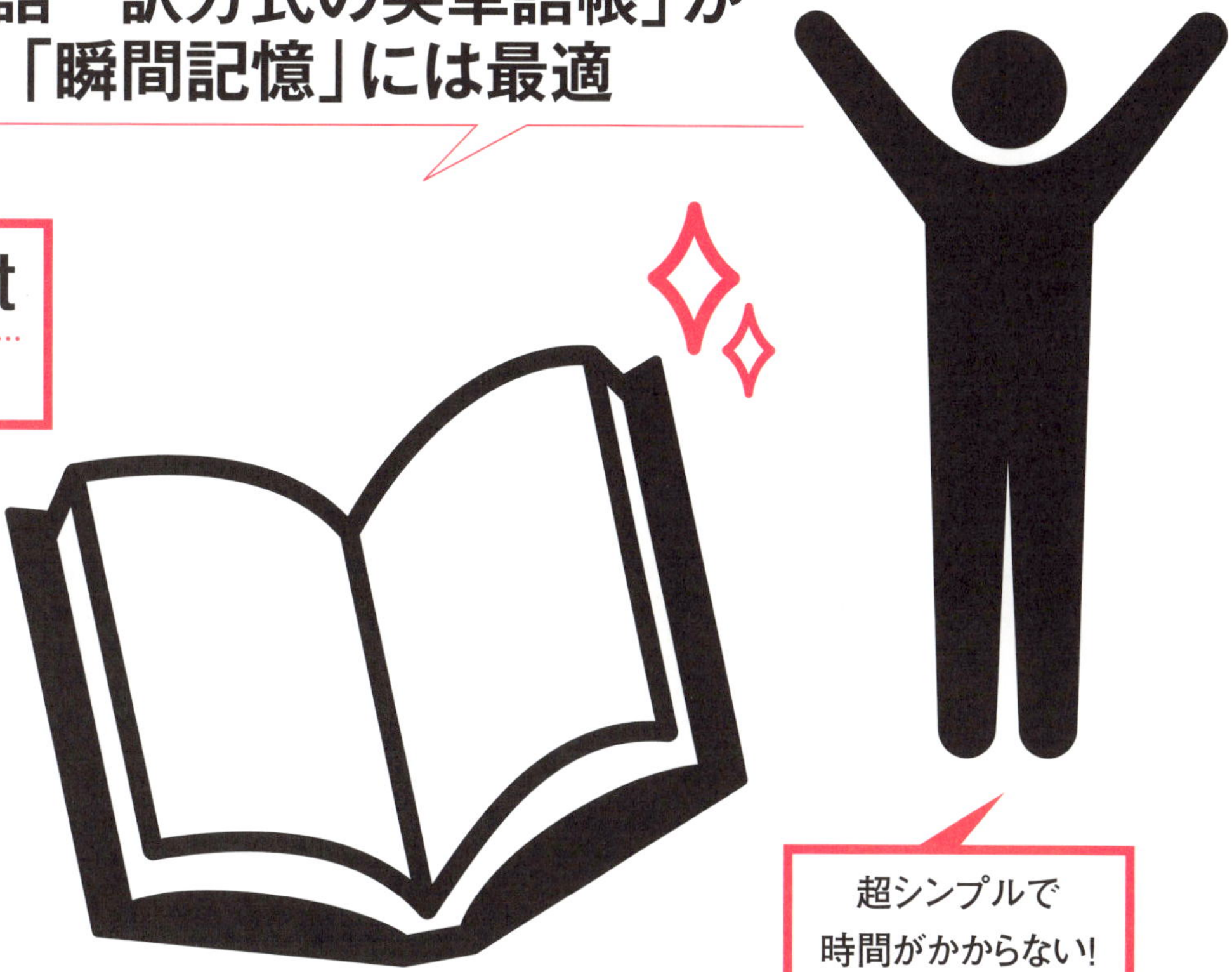

超シンプルで
時間がかからない！

勉強法

その22

やってはいけない！

市販の英単語帳だけを使う

これで天才に！

自作の英単語帳をつくる

「選び方はあるにしても、英単語に関しては、市販の英単語帳を買えばOKだな」

多くの人はそう考えがちです。しかしこれは間違いです。

実際には、それだけでなく、自作の英単語帳をつくる必要があります。

というのも、9冊の英単語帳を使って勉強していると

「この英単語は、なかなか覚えられないな」

「9割方覚えたが、1割だけ覚えていない英単語帳がある」

ということが起きるからです。

覚えた英単語が多くなると 自作のほうが記憶しやすくなる

「瞬間記憶」のトレーニングが進んでいくと、9割知っている英単語帳を使うよりも、覚えたい英単語だけが書いてある英単語帳を使いたくなります。

つまり、最初は9冊の英単語帳を使って「瞬間記憶」のトレーニングをしますが、**だんだん記憶している英単語が多くなるはずなので、市販の英単語帳ではなく、自作の英単語帳のほうが「瞬間記憶」をしやすくなるのです。**

自作の英単語帳は 最低でも4冊は必要だ

ちなみに、自作の英単語帳は、1冊だけつくるのではありません。

名詞用で1冊、動詞用で1冊、形容詞用で1冊、副詞用で1冊の、最低4冊は必要です。もちろん名詞・動詞に関しては、数が多いので2冊以上になるはずです。

当然ながら、**自作の英単語帳でも一対一対応が原則です。**どうしても2つの意味が必要な単語であれば、これも一対一対応にしていく必要があります。

たとえば「ｂｏｏｋ（本、予約する）」という、2つとも大切な意味の英単語があります。その際には、

「ｂｏｏｋ（本）」「ｂｏｏｋ（予約する）」

と、このように一対一対応にして、名詞用の単語帳と動詞用の単語帳に別々に書いたほうが、「瞬間記憶」をしやすくなります。

表紙で記憶の段階の色分けをし 覚えたら付箋を移動させていく

英単語帳を自作する場合も、色分けした付《ふ》箋《せん》を使うとより「瞬間記憶」が捗《はかど》ります。まず、

赤の付箋：名詞【例】ｓｏｃｉｅｔｙ：社会

緑の付箋：動詞【例】ｇｏｖｅｒｎ：統治する

黄の付箋：形容詞【例】ｂｅａｕｔｉｆｕｌ：美しい

青の付箋：副詞【例】ｒａｒｅｌｙ：滅多に〜ない

として、書き込んだ付箋をそれぞれの自作の英単語帳に貼ります。

その際に英単語帳の表紙の色も、記憶の段階に応じて4色に色分けされたものを使うことが大切です。

赤の表紙：0秒で言える英単語

緑の表紙：3秒考えて言える英単語。うろ覚えの英単語

自作の英単語帳は表紙と付箋を色分けして使う

自作の英単語帳

- 赤 ← 0秒で言える英単語
- 緑 ← 3秒考えて言える英単語
- 黄 ← 見たことはあるが、意味がわからない英単語
- 青 ← 見たことも聞いたこともない英単語

さらに

4色の付箋を貼って覚える!

- 赤 の付箋 → 名詞 ［例］society：社会
- 緑 の付箋→動詞 ［例］govern：統治する
- 黄 の付箋→形容詞 ［例］beautiful：美しい
- 青 の付箋→副詞 ［例］rarely：滅多に～ない

黄の表紙：見たことはあるが、意味がわからない英単語
青の表紙：見たことも聞いたこともない英単語

この4種類の英単語帳に、さきほどの色分けされた英単語と日本語の意味が書かれた付箋を貼っていきます。

勉強の順番としては、

- **緑の英単語帳に書かれている英単語の付箋を、赤の英単語帳に昇格させていく**（赤は完全に暗記しているのでもう見ない。見るとしても入試の1ヵ月前）
- **黄色の英単語帳に書かれている英単語の付箋を、緑の英単語帳に昇格させていく**
- **青の英単語帳に書かれている英単語の付箋を、黄色の英単語帳に昇格させていく**

この順番を意識し、「瞬間記憶」のトレーニングを兼ねながら英単語の暗記をしていきましょう。

そうすれば、最速で英単語をマスターすることが可能です。

最終的には、すべての英単語の付箋が、赤の表紙の単語帳に昇格しているでしょう。

そのときには「志望校の試験で出題される長文のなかで、知らない単語が5個以内」の状態に、必ずなっているはずなのです。

勉強法 その23

やってはいけない!

長文の全訳を書く

これで天才に!

長文を1行1秒で読む

「この英語の文章の全訳を書いてきてください。宿題です」

英語の先生がこんな宿題を出すことがあります。これは、先生によるパワハラでしかないと私は思っています。

こういう宿題を生徒に課す先生は、

「自分の授業のなかだけでは、生徒を偏差値70にできません」

と吐露《とろ》している三流の教師の典型であるといえます。

長文を日本語で書くことは時間の無駄でしかない

英語の長文を全訳するというのは、無駄でしかありません。絶対にやってはいけない勉強方法です。

なぜなら、**書いている時間がとにかく無駄**だからです。

英語の勉強をしているわけであって、日本語の勉強をしているわけではありません。ですから、日本語で英語の訳を「書く」という行為には意味がありません。

知っているならば書けますし、知らないならば書けないのです。これは非常に単純な話です。

英語の全訳は先生にしかメリットがない

英語の和訳を書くことがどれだけ時間が無駄になってしまうのか。ちょっと考えてみましょう。

たとえば「I go to school.」という英文があったとします。

もしも、これを「私は学校に行きます」とノートに書いていたら、それだけで6秒が無駄になります。

書かなければ次の文章をすぐ読めるのですから、10の文章があれば、単純計算で60秒もの時間の差ができる計算です。

英文の全訳とは、宿題として添削するときに学校の先生にとって読みやすいというだけです。

添削する先生の側にしかメリットがないのが全訳宿題です。生徒側にはまったくメリットはありません。

1行1秒のペースで長文を読むこれを当たり前にする

では、長文の全訳代わりに何をすればいいのか。

英文の全訳を書くのではなく、1行1秒のペースで長文を読むのがオススメです。

「そんなスピードではとても読めない」

そう思う人もいるかもしれませんが、本当にそうでしょうか。

すべての英単語が0秒でわかり、

すべての英熟語が0秒でわかり、

すべての英文法が0秒でわかる。

そんな状態ならば、1行1秒のペースで読めるのが当たり前になります。むしろ、そうならないといけないのです。

もし1行1秒で読めないのであれば、それはまだ、英単語・英熟語・英文法のトレーニングが足りないというだけです。

長文を読むレベルに達していないというだけなのです。

英語の長文は全訳を書かず1行1秒で読み進めるべし

✕ 英文の全訳を書くのは時間の無駄でしかない

I go to school.
私は学校に行きます。
時間の無駄!
和訳して日本語で書くのに
6秒もかかる

◯ 英単語、英熟語、英文法が0秒でわかっている証

1行1秒で読み進める

1行1秒が難しいなら、まだまだ英単語・英熟語・英文法のトレーニング不足

勉強法

その24

やってはいけない！ 1日1長文読む

これで天才に！ 1日20長文読む

「1日1長文読むのを習慣にしましょうね。英語の長文に慣れることが大切です」

こんなことを言う先生に出会ったことがありました。

ぬるい、ぬるすぎます。

よく考えてみてください。1日1長文ということは、1ヵ月勉強したとしても30の長文しか読んでいないことになるのです。

1日1長文しか読まないとなると、長文読解が得意になることは絶対にありません。

長文をたくさんこなし20の違う刺激を脳に与える

長文を読解するためには数をこなすことが大切です。

なぜなら、いろいろな英文に接することで「ああ、この熟語が出てきたぞ」「英文法の問題でやったものがまた出ている」

などと、復習を兼ねることができます。

では、そのためにはどのくらいのペースで英語の長文を読めばいいのでしょうか。

1日20長文が理想のノルマです。

1日20長文のペースで読むと「覚えていた英単語が、また出てきたぞ」「この文脈でこの英単語が使われるんだな」ということもわかります。20の違う刺激を脳に与えることができるわけです。

1つの長文は5分で読みきるようにする

単にたくさん読めばいいというわけでもありません。ダラダラ時間をかけて読んでも意味はないのです。

誤解してはいけませんが、これはもちろん**時間としては「1長文5分」が理想です。問題を解く時間も込みで5分です。**

たとえば60行の長文であれば、1行1秒で、本文を読む時間は1分。問題を解いている時間は4分ということになります。

問題数が多かったりすると、1長文5分で終わらないこともあります。しかし、長くても10分で1長文が終わるようにします。

1長文5分で、20長文だと100分なので、1時間40分。

もちろん、なかには5分以内に読めてしまう長文もあったりするので、**およそ1時間30分が、1日に英語の長文問題に費やす時間となります。**

私は1日20長文読んでいて、「現存する問題集の発行スピードと、自分がこなす長文のスピードで、自分のほうが追い抜いてしまったらどうしよう」

と受験時代には心配したくらいです。

結局、英語の長文は無限にあったので、1日20長文でも、まだまだ読むべき長文は存在しました。

なのであなたも、安心して1日20長文を読んでいただいて大丈夫です。

これが当たり前になれば天才になれる

「1日20長文なんて、絶対に無理だ」と思うかもしれません。

確かに、凡人には不可能でしょう。ですが**天才ならば、可能なはずです。**天才として勉

1長文を5分でやれば1時間40分で20長文できる

まずは天才に生まれ変わり圧倒的な量の問題をこなそう

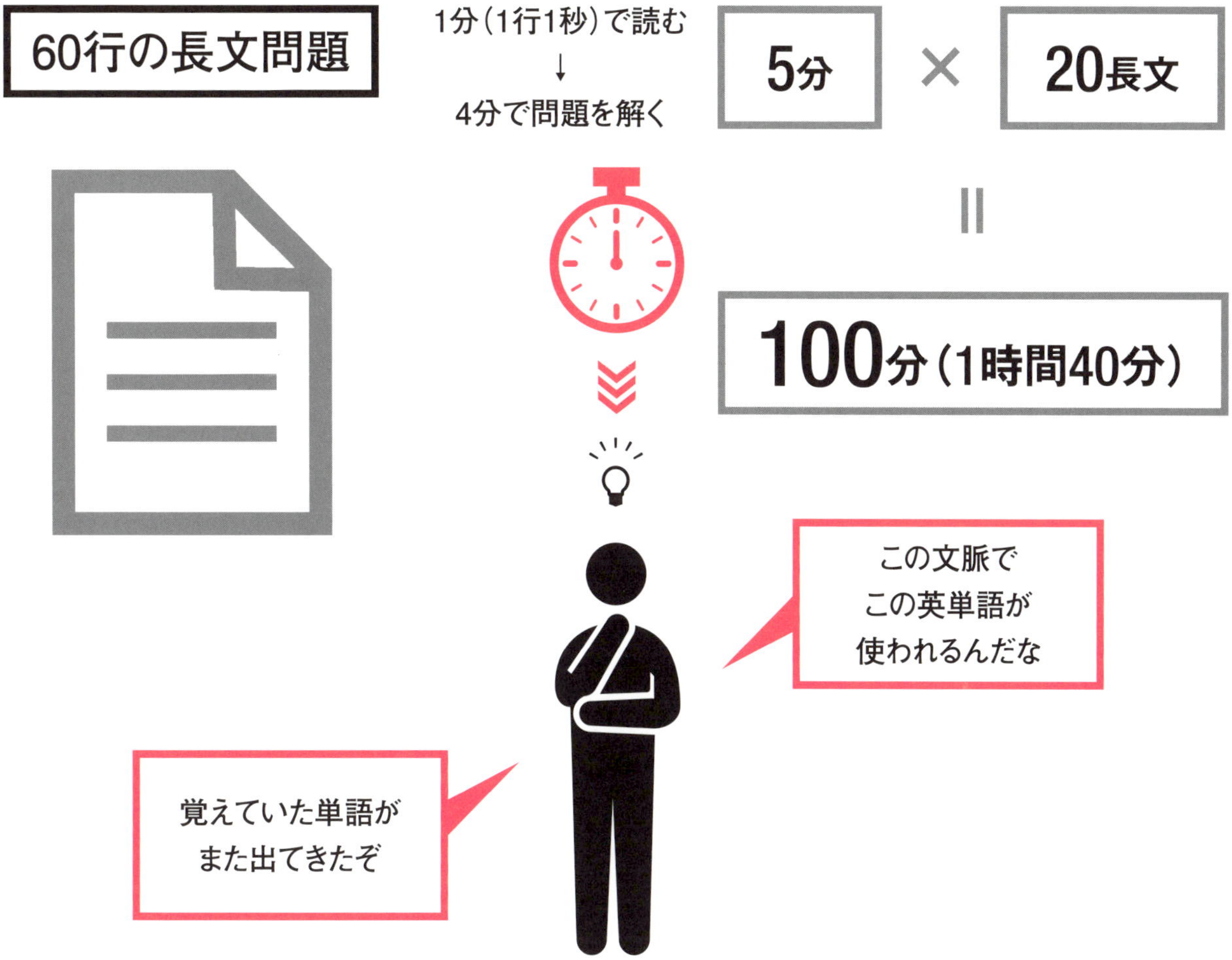
60行の長文問題
1分(1行1秒)で読む
↓
4分で問題を解く
5分
×
20長文
=
100分(1時間40分)
この文脈でこの英単語が使われるんだな
覚えていた単語がまた出てきたぞ

強するのですから、1日20長文はごく当たり前です。

天才として英語を勉強するためには順番があります。

まず、英単語を1単語1秒で暗記をしながら「瞬間記憶」のトレーニングをします。

そして、志望校の試験で知らない英単語が5個以内という状態をつくります。

次に英熟語を暗記し、その次に英文法を完璧にします。

その状態になったら、1行1秒で、1日20長文を読み、同時に問題にも答えていきます。

そうすると「知らない問題というのは、ほとんど出題されない」という状態ができあがります。

「知らない問題はほぼない」が天才に生まれ変わった証拠だ

全国模試1位レベルというのは、「基本的に、知らない問題は出題されない」というのが当たり前です。 知らない問題が出題されるというのは、こなしている問題数が圧倒的に少ないから起きる現象です。

英単語を使った「瞬間記憶」トレーニングが、天才になるための第一歩です。

最初に英単語、さらに言えば「名詞」を1単語1秒で暗記することからスタートすれば、あなたは天才に生まれ変わるのです。

勉強法 その25

やってはいけない！
英単語を、語呂合わせで覚える

これで天才に！
英単語は、単純反復記憶で覚える

記憶には2種類あります。

①単純記憶（単純反復記憶）
②イメージ記憶（意味記憶）

この2つです。

①の単純記憶は、別名「単純反復記憶」と呼ばれます。何度も繰り返し脳に刷り込まれることで、記憶が太くなっていきます。

②のイメージ記憶は、別名「意味記憶」とも呼ばれます。

映像のイメージとともに覚えた記憶なので、なかなか忘れないという特徴があります（意味がないものでもイメージとともに覚えるケースがあることから、私は意味記憶ではなく、イメージ記憶と呼ぶようにしています）。

さらに「公園で犬に噛まれたので、公園は嫌いだ」というように、**体験と結びついた記憶はより鮮明に脳に定着します。**

単純記憶は0秒で しかも大量に覚えられる

この2つの記憶には、それぞれメリットとデメリットがあります。

まず単純記憶のメリットは、

（1）思い出すときに、0秒で思い出すことができる
（2）大量に覚えられる

という2つです。

たとえば、「ｓｏｃｉｅｔｙ：社会」という英単語を何度も繰り返して覚えたら、何も考えなくても「ｓｏｃｉｅｔｙ＝社会」と、0秒で脳内変換されます。なので、英単語は、単純反復記憶で覚えます。

単純記憶のデメリットは、何度も繰り返して覚えなければいけないということです。

しかも1日では無理で、何十日も繰り返すことで暗記できます。細い糸が何十本、何百本と紡がれて、糸が太くなっていくような感覚です。

イメージ記憶は 思い出すのに時間がかかる

次にイメージ記憶についてです。

こちらは「思い出すのに時間がかかる」というデメリットがあります。

また、**イメージ記憶は、大量に覚えることにも適していません。**

というのも、1つの事柄に関して、それぞれ個別のイメージを植えつけなければいけないので、記憶するまでに1分くらいはかかってしまうからです。そのため、英単語には適していません。

ほかの教科なら イメージ記憶も活用できる

その代わり、イメージ記憶にはそれを補って余りあるメリットがあります。

それは、**長期間の記憶に適している**ということです。イメージとともに覚えられるので、1年経っても忘れません。

なので歴史の年号など、数が少なく、意味のないことでも語呂合わせで覚える教科の場合は、このイメージ記憶を使います。

単純記憶に比べて忘れにくいという、たった1つのメリットが、イメージ記憶の特徴なのです。ですから英単語の場合は、単純記憶を活用しましょう。

英語は単純記憶が向いている

単純記憶（単純反復記憶）

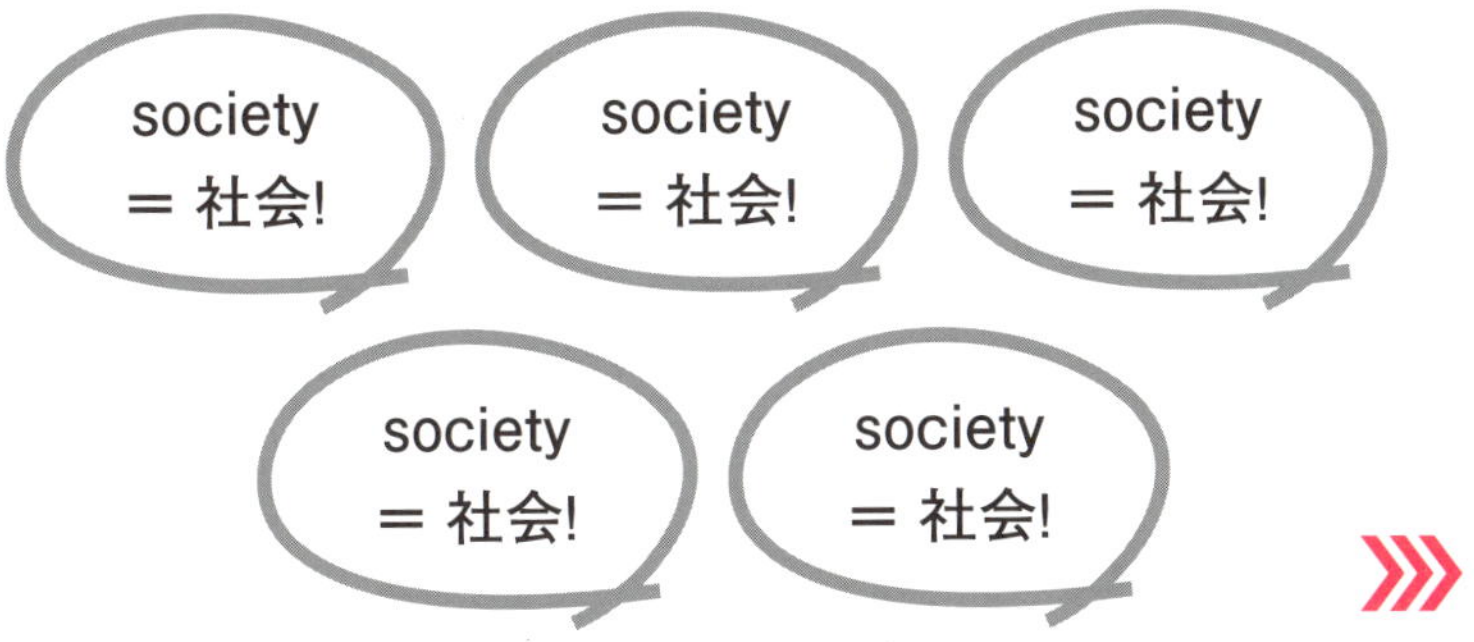

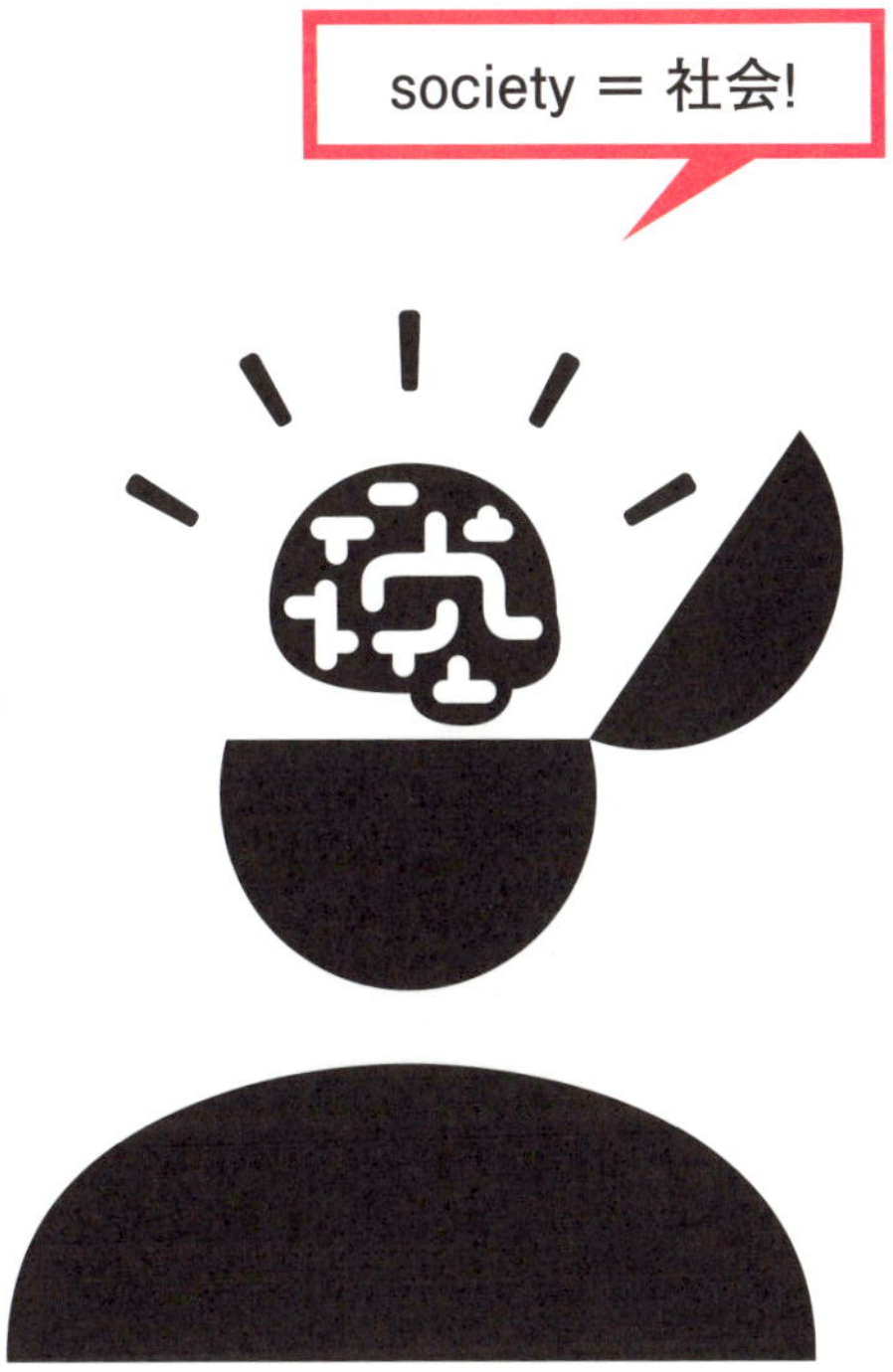

メリット

(1) 0秒で思い出せる
(2) 大量に覚えられる

デメリット

何度も繰り返して
覚えなければならない

イメージ記憶（意味記憶）

メリット

1年経っても忘れない

デメリット

(1) 思い出すのに時間がかかる
(2) 大量に覚えるのに適していない

勉強法 その26

やってはいけない！

「気合いで暗記すればなんとかなる」と思っている

これで天才に！

単純記憶とイメージ記憶を使い分けている

勉強をするときには、**「これは単純記憶で覚えるべきなのか？　これはイメージ記憶で覚えるべきなのか？」**と分類することが大切です。

たとえば英単語は、単純記憶で覚えます。数千個の英単語を覚え、かつ0秒で思い出さなければいけないからです。

英単語はイメージ記憶ではなく単純記憶で覚える

たとえば、「ｃａｔ」という単語を覚えるときに「キャッキャッキャッと猫が叫ぶ」と語呂合わせで覚えたら、試験文章で「ｃａｔ」という単語が出るたびに、脳で「キャッキャッキャッキャッと猫が叫ぶ」と想起することになってしまいます。

これは制限時間がある試験で不利です。

じつは一度、語呂合わせの英単語帳を見たことがあります。そのとき覚えてしまったのが「ｄｅｎｙ：否定する」です。「（試験に）出ない、出ないと否定する」と覚えます。

ただ困ったことに、ｄｅｎｙという単語は頻出単語で、文章のなかに頻繁に出てきます。「出ない、出ない」と覚える英単語が試験によく出てしまうというわけです。

ｄｅｎｙという英単語が出るたびに文章を読むスピードが落ち、いかにこの語呂合わせを忘れるかでとても苦労しました。

また日本史・世界史も、覚えることが大量にあるので（８４００問分の1問1答を覚えなければいけません）、単純記憶で覚える必要があります。

2つ以上の意味があるときは語呂合わせが効果的だ

逆に、イメージ記憶で覚えなければいけないものが2つあります。この2つです。

①古文単語
②歴史の年号

古文単語は覚えるべき数が少なく、出題されたときに違和感を覚えなければ得点につながらないので、語呂合わせは最適です。

たとえば「やがて」という古文単語があります。これを古文単語だと知らないと現代語のまま、読み進めてしまいます。

この場合、「矢が手に刺さり『そのまま』『すぐに』病院へ」と語呂合わせで覚えます。古文単語の「やがて」には「そのまま」「すぐに」という意味があり、その場面では、どれなのかという問題が出題されます。

このように、**一対二対応（一対多対応）のときには、語呂合わせは大きな効果を発揮します。**

古文単語は一対多対応が多く、さらに出るたびに現代語に変換しなければいけないので、単純記憶ではなく、イメージ記憶（語呂合わせ）で覚えるのが効果的です。

自分が主人公のイメージ記憶は何十年も頭に残るほど強烈になる

また、日本史・世界史の年号にも限りがあります。

覚えるとしても１０００個以内です。なので、イメージ記憶が適しています。

たとえば、鉄砲伝来は１５４３年の出来事なので、「鉄砲伝来、一発ゴツン、尻から3発」

古文単語や年号にはイメージ記憶

単純記憶とイメージ記憶を使いこなして天才として勉強!

単純記憶（単純反復記憶）

数千個を覚えなければならない

一対一対応

英単語　日本史や世界の用語　など

イメージ記憶（意味記憶）

覚える数が**1000個より少ない**

一対多対応

古文単語　日本史や世界史の年号　など

例）

1526年　パーニーパットの戦い

以後風呂入らず、パーニーパット

一度覚えれば
数十年たっても忘れない!

と覚えます。

イメージ記憶の場合は、主人公を自分にするとより覚えやすいので、自分が1発ゴツンとなぐられて、尻から3発、弾が発射されるイメージを持つと忘れません。

世界史では「1526年、パーニーパットの戦い」があります。「以後風呂入らず、パーニーパット」と覚えます。

1526年から、2000年以降の500年間、自分が風呂に入っていないイメージを思い浮かべます。「相当汚いぞ」と思えたら「1526年、パーニーパットの戦い」は忘れません。

私もこの方法で、18歳のときに覚えた語呂合わせが40歳を越えたいまでも頭に残っているのです。

2種類の記憶を使い分けて天才として勉強しよう

ただし語呂合わせは1つにつき1分は覚えるのにかかります。その代わり20年後も忘れにくいというメリットがあります。

古文単語と歴史の年号は、イメージ記憶（語呂合わせ）で。英単語（英熟語・英文法）、歴史の事項に関しては、単純記憶を使いましょう。

そうやって脳の力を最大限に引き出すことで、天才として勉強できるのです。

やってはいけない「英語勉強法」まとめ

勉強法 その15	😞	学校の教科書を使って、英語を勉強する	×
	😊	参考書・問題集を使って、英語を勉強する	○
勉強法 その16	😞	辞書を引く	×
	😊	頭のなかに辞書をつくる	○
勉強法 その17	😞	配点が高いので、まずは長文のトレーニングをする	×
	😊	偏差値65になるまでは、英語の長文は一切読まない	○
勉強法 その18	😞	長文を読みながら、同時に英単語・英熟語・英文法を学ぶ	×
	😊	英単語→英熟語→英文法→長文の順で勉強する	○
勉強法 その19	😞	英単語帳を、最初のページから覚える	×
	😊	名詞→動詞→形容詞→副詞の順番で覚える	○
勉強法 その20	😞	1冊の英単語帳を使う	×
	😊	英単語帳を9冊使う	○
勉強法 その21	😞	例文が書いてある英単語帳を使う	×
	😊	例文が書いていない英単語帳を使う	○
勉強法 その22	😞	市販の英単語帳だけを使う	×
	😊	自作の英単語帳をつくる	○
勉強法 その23	😞	長文の全訳を書く	×
	😊	長文を1行1秒で読む	○
勉強法 その24	😞	1日1長文読む	×
	😊	1日20長文読む	○
勉強法 その25	😞	英単語を、語呂合わせで覚える	×
	😊	英単語は、単純反復記憶で覚える	○
勉強法 その26	😞	「気合で暗記すればなんとかなる」と思っている	×
	😊	単純記憶とイメージ記憶を使い分けている	○

第4章

やってはいけない「ノート術」

「ノートを取る」は、誰もがしています。しかしその最善の方法について、どれだけの人が意識して取捨選択をしているでしょうか。

小学校では筆記用具やノートにも制限があったかもしれません。

しかし、入試に勝つためにはそこで与えられた制限や思い込みから抜け出し、自分の勉強にベストなノート術を選び取る必要があります。

ノート術で使うものは、ただの道具ではありません。天才になるために利用できる「アイテム」だと考えましょう。

そうすれば、いつも使うペンの色やノート類に無関心でいられるほうが不思議になるはずです。

この第4章を読んだあと、すぐに文房具店へ走り、もっと勉強に適した道具を買ってくることができる人は、天才になる素質があると言えます。

使うだけでレベルアップできるアイテムがあるのなら一刻も早く手に入れ、天才としての「ノート術」を始めることが大切です。

勉強法

その27

やってはいけない!

ノートを書くときには、黒ペンを使う

これで天才に!

ノートを書くときには、青ペンを使う

ノートに書くときに、何も考えずに黒ペンを使う人がいます。もったいないです。青ペンを使いましょう。**「青で書くだけで、1・1倍記憶力が上がる」**と考えてください。

青は「寒色」と呼ばれます。逆に赤は「暖色」です。**寒色は副交感神経に作用するため、冷静になって集中力が増します。**暖色は交感神経に作用し、興奮状態になります。

武田信玄は自軍の鎧の色を赤にして、相手に血の色を想起させ、冷静な判断をさせないようにして勝利を収めたと言われています。

青は集中できる色なので、青ペンを使うだけで、無意識のうちに集中状態に入ることができます。私が使っているのは、パイロットのフリクションボール(青0・7ミリ)です。ペンの持つところも青色なので、ペンを見るだけでも集中状態がつくれます。

街中でも「色」のパワーが使われている

色の持つ力は絶大です。かつて犯罪が多発する場所で、壁の色を青にしたところ、**犯罪を起こそうとする人が青を見て冷静になるので、犯罪が激減した話があります。**また青い灯火にするだけで犯罪抑止効果があります。

逆に、赤は「赤提灯」と言われるように、居酒屋・中華料理屋などで使われる色です。赤のテーブル、赤の店内にすることによって、興奮状態になり判断力が低下します。そうすると、ついビールを頼んだり、必要のないものまで注文することが多くなるので、お店としては売上げアップにつながります。

反対に青いテーブルだと食欲がなくなり、冷静になるので、レストランの売上は下がってしまいます。

スポーツ選手たちは「色」の力を知っている

また、プロ野球の元・中日ドラゴンズ谷繁元信捕手は、青のキャッチャーミットを使っていました。**ピッチャーが、投げる前に青のキャッチャーミットを見ることで、集中力を高めて、冷静にコントロールができるようにするためです。**

逆に、スポーツにおいて集中力を削ぐ色は「黒」だと言われています。黒いものに目がいってしまうため、集中力が低下するのです(ハエもゴキブリも黒ですので、人間は見た瞬間にパニックになります)。

なので、野球ではピッチャーが黒いグローブをつけると、バッターが黒いグローブを見てしまって集中できなくなるので、バッターの打率が下がると言われています。

野球ではピッチャーのグローブは黒で、キャッチャーミットは青が、色彩心理学的にはもっともいいということになります。

ペンを変えるだけでで集中力は増やせる!

このように、さまざまな場面で色の効果が利用されています。

せっかくですから、普段から勉強するときには青ペンを使う習慣をつけましょう。**100円ほどでできて、集中力が1・1倍増す**わけですから、いまこの瞬間にでも、やらない手はないのです。

無意識で集中状態に入れる青の力を活用しよう

×

何も考えず黒のペンを
使うのはもったいない！

スポーツでは「集中力を削ぐ」色

- 人は黒いものに目がいきがち
- 野球ではピッチャーが黒いグローブをつけると、バッターの視線がそちらに注目して打率が下がる
- バスケットボールで黒いユニフォームのチームがいると両チームとも集中力が削がれる

○

青で書くだけで集中力が
1.1倍上がる

寒色は「集中力を増す」色

- 副交感神経に作用して冷静になる
- 壁の色を青にしたり青い灯火にすると人が冷静になって犯罪が激減する
- 青のキャッチャーミットを使うと、ピッチャーが冷静になってコントロールがよくなる

やってはいけない！ 0・5ミリの芯を使う

これで天才に！ 0・7ミリの芯を使う

ボールペンで、0・5ミリの芯を使っている人がいます。

これはとてももったいないです。せっかくなので、0・7ミリの芯を使いましょう。

0・5ミリで書いていたものを0・7ミリに変えると、書かれている文字が1・4倍太くなります。そうすると、**1・4倍記憶も太くなります。**

文字が太くなると、パッと見たときに文字が格段に読みやすくなります。つまり、それだけ「瞬間記憶」をおこないやすくなり、効率的に勉強ができるということなのです。

生まれ持った力に関係なく道具で記憶力を増強する

もしかすると「そんなこまかいことを……」と思うかもしれません。しかし、こういうこまかいことこそ大切です。

とくにこの方法は、太いボールペンを買うだけで誰でも実行できることです。つまり、生まれつきの能力に関係なく**0・5ミリを0・7ミリにするだけで、記憶する力が1・4倍も増強されるわけです。**

絶対にやるべきです。

まずは道具だけでも天才として勉強を始める

また、文字を書くときには太さと同様に「濃さ」も重要です。

かつては、小学校では鉛筆の硬さは、やわらかいBが基本でした。しかし、いまはもっとやわらかい2Bが主流になってきています。Bの鉛筆と2Bの鉛筆だったら、2Bの鉛筆のほうが濃く書けます。

どうせ文字を書くのであれば、少しでも濃く、太いほうが、記憶が定着しやすいというわけです。

たまにHBやHの芯を使って文字を書いている人がいますが、勉強するときには、まったく意味がありません。薄くて読みづらいだけです。

濃さは2B、太さは0・7ミリ。これに統一しておくことで、まず道具においてだけでも、天才になって勉強できます。

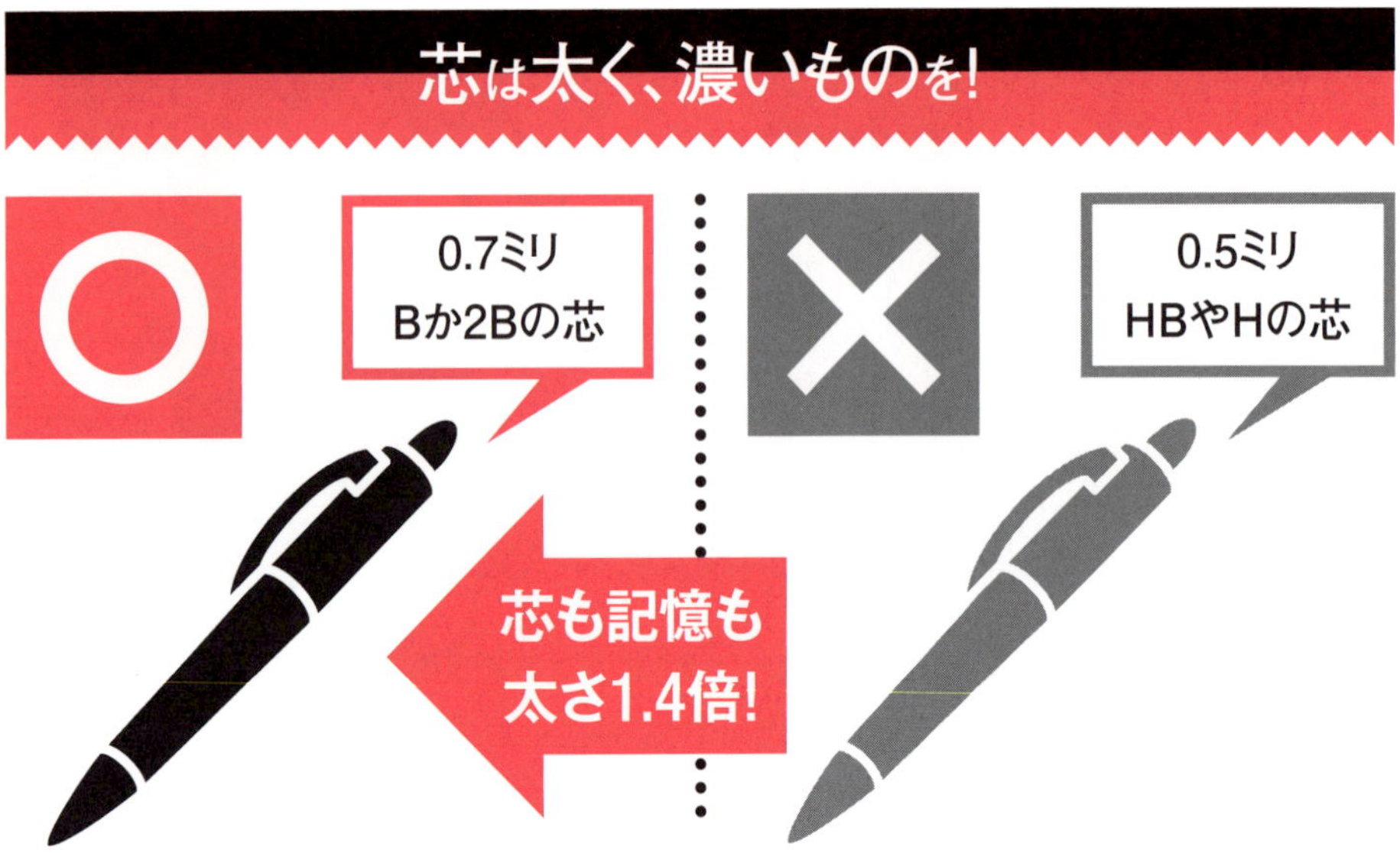

勉強法 その29

やってはいけない！ ノートを使う

これで天才に！ ルーズリーフを使う

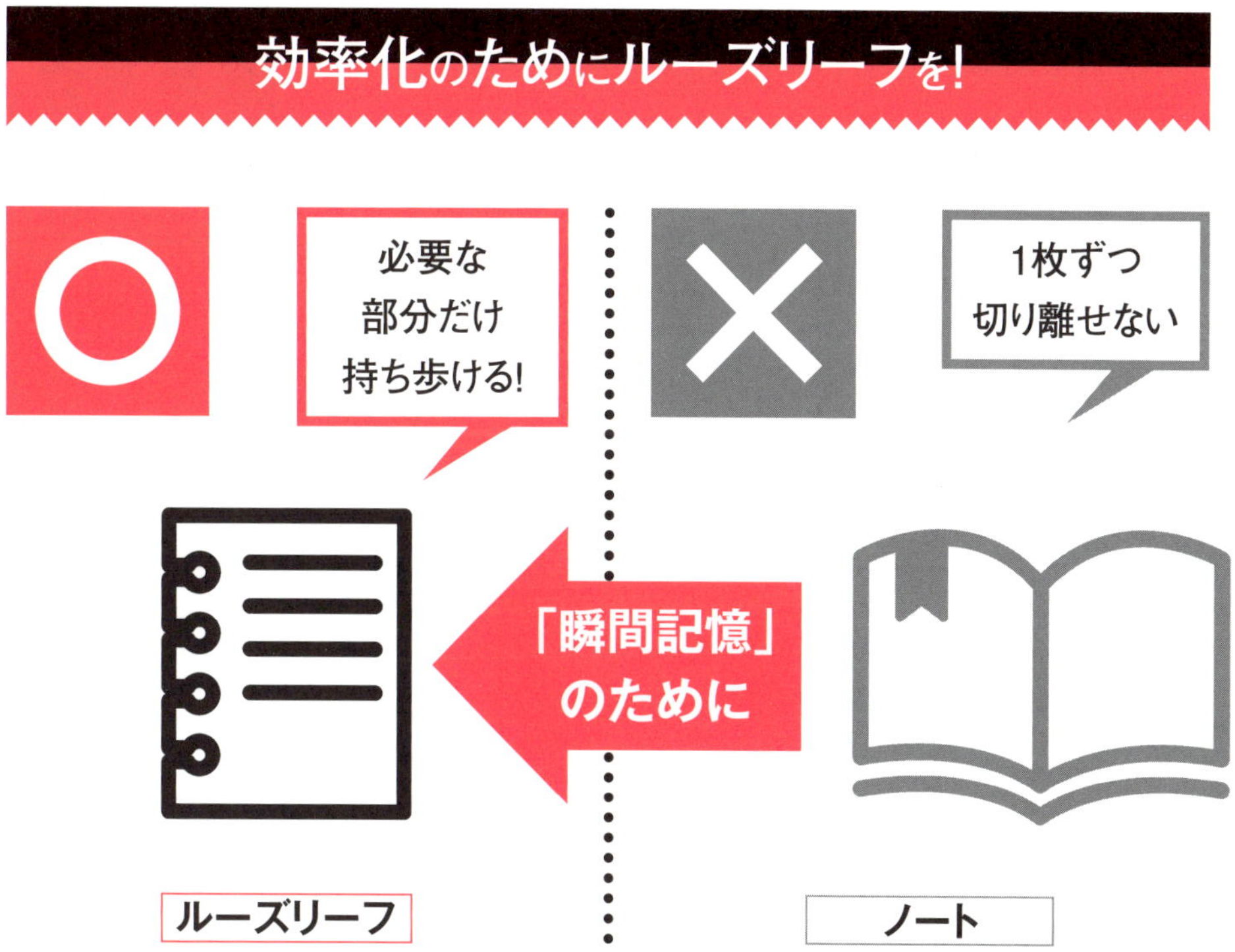

効率化のためにルーズリーフを!
必要な部分だけ持ち歩ける!
1枚ずつ切り離せない
「瞬間記憶」のために
ルーズリーフ
ノート

小学校のときは、勉強でノートを使うのが基本でした。

そのせいか、その後も勉強はノートでやろうとしている人がいます。

ですが、**ノートには致命的な弱点があります。それは、ページを1枚ずつ切り取れないというところです。**

もし「この部分はもう二度と見ないな」という箇所があっても、ノートではそのまま残ります。つまり、勉強したいところを探すのに、それだけ余計なページが存在するということになります。

情報をまとめ、効率化するには ノートよりルーズリーフ

しかしルーズリーフであれば、必要な部分だけを持ち歩くことができます。

たとえば、学校で江戸時代について授業があり、塾でも江戸時代の授業があった場合、ルーズリーフであれば、どちらの授業の内容も、一緒にしてまとめることができます。

ノートでは、学校のノートと塾のノートで別々になってしまいます。これではあとあと勉強するときに面倒です。

最終的には、「瞬間記憶」で1枚のルーズリーフを0・5秒で見返していくことで、最速で暗記をしていくことができるようになります。

その際に、ノートだと余計な部分が多すぎて「瞬間記憶」には適さなくなります。

このように、さまざまな制限のあるノートよりも、自由度の高いルーズリーフを使うべきなのです。

「瞬間記憶」がしやすいように 日頃からノート術を工夫する

たびたび繰り返していることですが、**「すべては、『瞬間記憶』のために」**というのが正しい勉強法です。

「瞬間記憶」に適さないノートの取り方はやめて、「瞬間記憶」がしやすいようなノートの取り方にしていくことが、正しいのです。

ノートをやめて、ルーズリーフにする。

これが、ノート術の第一歩なのです。

勉強法

その30

やってはいけない！

5ミリ幅のルーズリーフを使う

これで天才に！

7ミリ幅×37行のルーズリーフを使う

前項で「ノートよりルーズリーフ」とお伝えしましたが、ルーズリーフなら何でもいいというわけではありません。

道具にこまかくこだわることで、凡人でも一歩ずつ天才の勉強法に近づいていけるので、小さなところもしっかり選ぶべきです。

じつはルーズリーフのなかでも、「瞬間記憶」にあまり適していないルーズリーフもあれば、「瞬間記憶」に適しているタイプのルーズリーフがあります。

なかでももっとも適しているのは、**Ａ４のルーズリーフで、7ミリ幅で37行になっているものです**（私は、マルマンの『Ｌ１１００』という名称のルーズリーフを使っています）。

この幅、それでいて37行になっているおかげで、とても「瞬間記憶」がやりやすくなっています。

7ミリ幅で37行のルーズリーフに0.7ミリの青ペンがベスト

5ミリ幅のルーズリーフだと、1行の幅が狭いです。ここに書き込むとなると、文字が小さくなりすぎてしまうので、「瞬間記憶」には適しません。

ルーズリーフの1行の幅はある程度大きく、文字を書き込みやすいものでなければダメです。それを考えていくと、7ミリ幅の37行がもっとも使いやすいのです。

このサイズのルーズリーフに、青のフリクションボール（０・７ミリ）で、覚えたいことを書き込んでいきます。

私は「瞬間記憶」のために、かなりの試行錯誤を繰り返しています。

どのくらいの文字の大きさが一番適しているのか。そして一度にどのくらいの情報量までならば「瞬間記憶」が可能なのか、などを考えてきました。

その試行錯誤の結果のひとつが**「7ミリ幅の37行×青のフリクションボール（０・７ミリ）」**の組み合わせというわけです。

0.5秒で処理するためには覚えたいことは12個まで

このノート術を利用した場合、一度にどのくらいの量までであれば「瞬間記憶」が可能なのでしょうか。

私の試行錯誤の末の結論としては

「1ページに最大12個、覚えることを書く」

というのが、「瞬間記憶」の限界です。

12個以上のものになってしまうと、０・５秒で処理できません。

もう少しこまかく言うと、

「1ページにつき、覚えたいことが4個までというのは処理が可能で、慣れてきても12個が限界」

というのが、長年勉強法をいろいろ試してきた私の経験則です。

37行のルーズリーフを使えば、2行空白をあけて使ったとしても、1枚で12個のことが書けます。

つまり、7ミリ幅×37行のＡ４サイズのルーズリーフは「瞬間記憶」をおこなう際のマックスの情報量にぴったりなのです。

「瞬間記憶」のためには、7ミリ幅×37行のＡ４サイズのルーズリーフ。

これこそ、鉄板なのです。

これが「瞬間記憶」のための鉄板のルーズリーフだ

ルーズリーフの選び方にも徹底的にこだわる

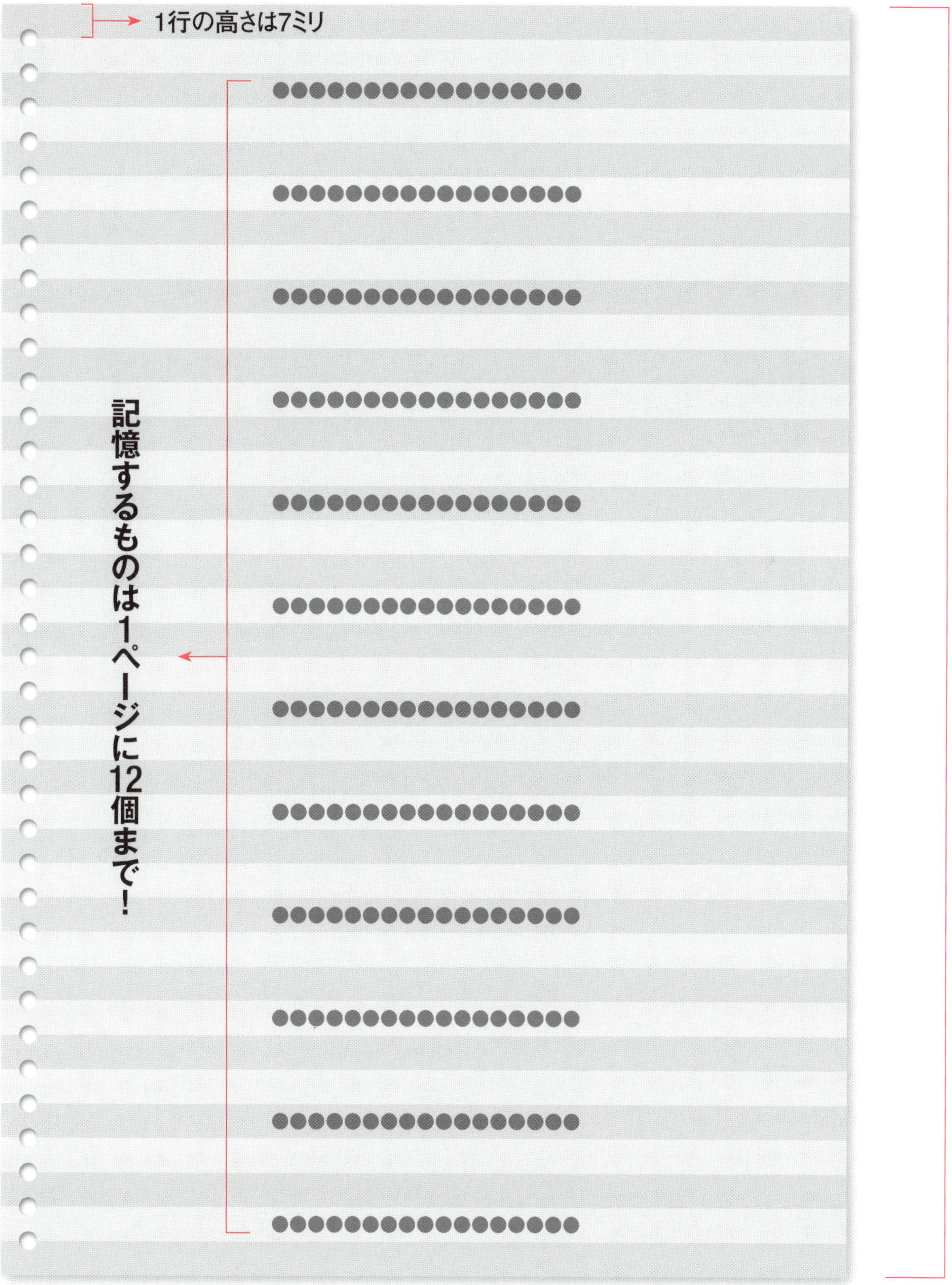

勉強法 その31

やってはいけない！ **ルーズリーフは、両面とも使う**

これで天才に！ **ルーズリーフは、片面だけ使う**

前項で、『瞬間記憶』のためには、7ミリ幅×37行のA4サイズのルーズリーフがいい」ということをお伝えしました。

じつはもう1つ、ルーズリーフの使い方で重要なことがあります。

それは、ルーズリーフは片面だけを使うということです（つねに自分から見て左側に穴が開いている状態）。

両面を使うのは絶対にダメです。なぜだかわかるでしょうか？

テーマが変わるごとに新しいルーズリーフを使う

たとえば、日本史を勉強しているとします。そのとき、片面に「豊臣秀吉」について、裏面に「徳川家康」について書いてしまったら、どうでしょう。

こんな書き方をしてしまったら、あとでまとめられなくなってしまいます。そもそもの話ですが、ノートではなくルーズリーフを使っているのは、「自由に取り外したりできる」というメリットがあるからです。にもかかわらず、**表と裏で別々のことを書いてしまったら、自由に取り外しができません。**これではルーズリーフを使っている意味がなくなってしまいます。

だからルーズリーフの両面を使うのはダメなのです。

片面に豊臣秀吉について書いていて「ここからは、徳川家康についてだな」と思ったら、別のルーズリーフにします。

そうしておくと、あとで「豊臣秀吉のところだけまとめよう」「徳川家康のところだけまとめよう」などと思ったときに、ルーズリーフを入れ替えたりしてまとめられるようになります。

常に考えるべきなのは「『瞬間記憶』のためになるか」だけだ

繰り返しになりますが、**最終的に「片面に、覚えたいことが12個以下書いてある状態」にしていくのが「瞬間記憶」をするための正しいノートの取り方です。**

そのためには、あとでまとめやすいようにルーズリーフの片面だけを使うようにするべきなのです。

「片面だけ使う」を習慣化する方法

「ルーズリーフ片面しか使わないなんてもったいない」と考える人がいるかもしれませんが、それでは試験には受かりません。手間隙やお金を惜しんでいる人は、そこを惜しまない人に負けてしまうでしょう。

これまでルーズリーフをそういう使い方をしてこなかった人でも、「ルーズリーフの片面だけを使う」というのは、すぐに習慣化できます。

50枚入りのルーズリーフを、常に300枚分くらい手元に置いておけば、足りなくなることはないので安心です。

ノートではなく、ルーズリーフ。両面ではなく、片面だけを使う。

「瞬間記憶」という必殺技のために、こまかいところからノートの取り方も変えていかなければいけないのです。

片面だけ使うことで整理しやすくなる

×　表と裏に別のことを書くとあとでまとめられなくなる

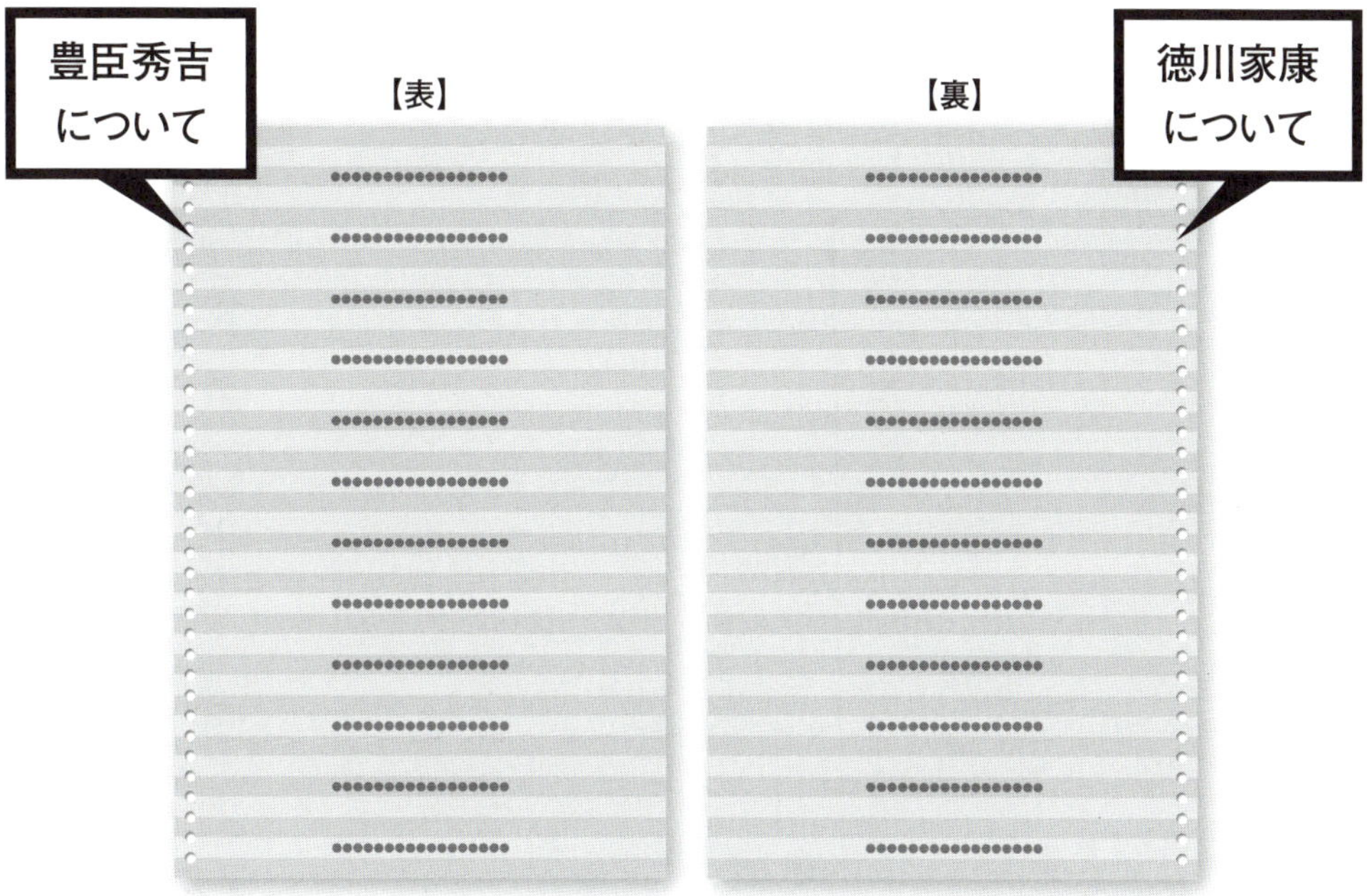

○　項目ごとに分けておけばあとでまとめやすくなる!

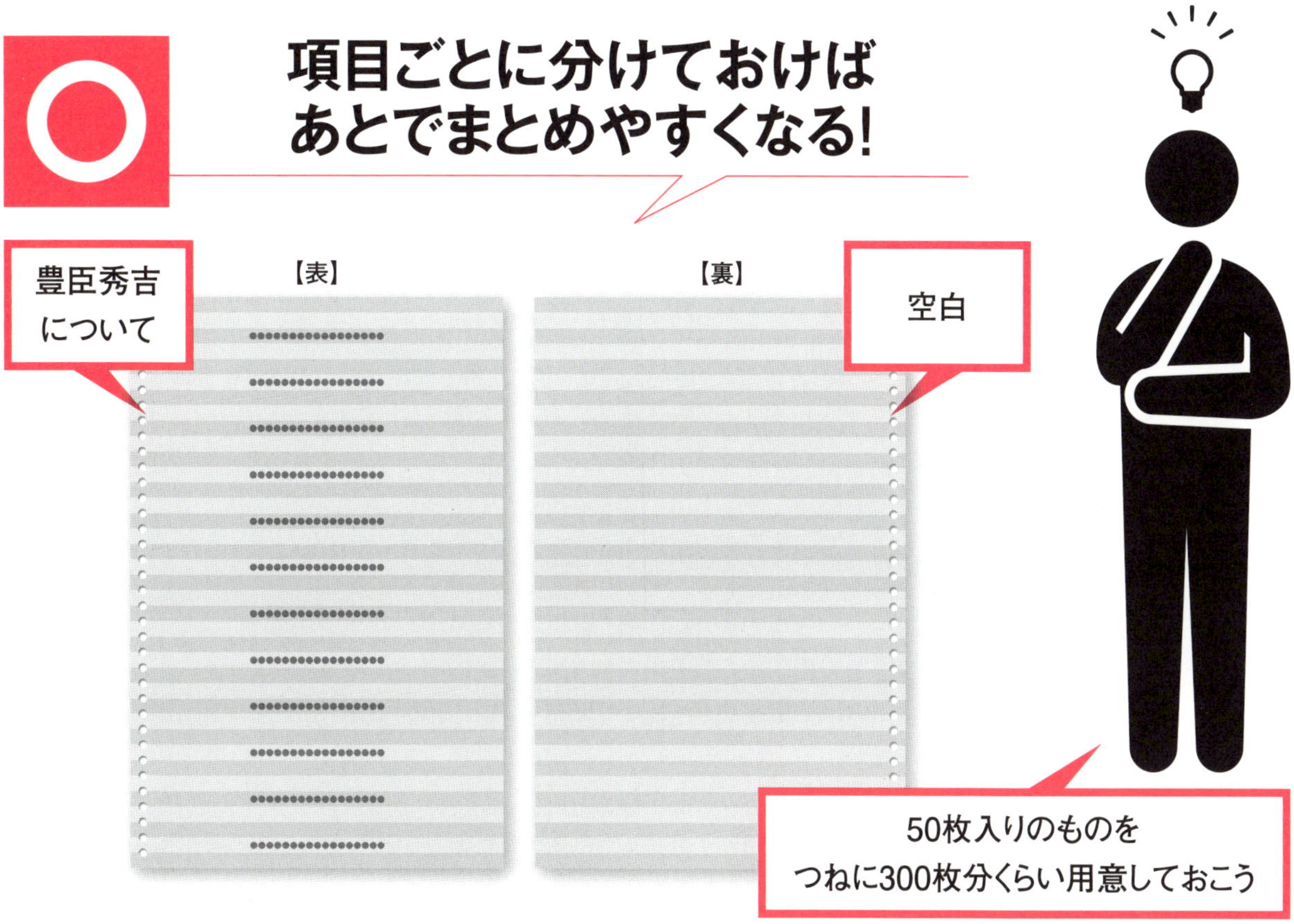

勉強法

その32

やってはいけない！ 1行も空けずに、ごちゃごちゃと書く

これで天才に！ 2行空けて、ゆったりと書く

「ルーズリーフがもったいない」などといって、1行も空白をとらずに、ごちゃごちゃとノートを取っている人がいます。

ですがそれだと1枚に書かれていることの情報量が多すぎて、あとでルーズリーフを1枚0・5秒で見返したときに、書いてあることが何も頭に入ってきません。

ゆったりと余白を多めにノートを取るというのは、「瞬間記憶」をしやすくするためには当然です。

ルーズリーフは 2行空けて書くのが鉄板ルールだ

ではどうしたら、ゆったりとしたノートになるのでしょうか。それは簡単で、**「2行空けて書く」**ということをつねに心がけることです。

「それではスカスカになってしまって、ルーズリーフがどんどん減ってしまう」

そう思う方もいるでしょう。しかし、それでいいのです。

「瞬間記憶」のためには、スカスカのノートをつくる必要性があります。

なぜそんなことをするのかというと、それには「もったいない」を超える理由があるからなのです。

必要な分を「瞬間記憶」するため ルーズリーフを切り貼りする

なぜわざわざ2行を空ける必要があるのでしょうか。

それは、ハサミで切り取るときに、1行しか空いていない状態よりも、切りやすいからです。

いずれルーズリーフは切り貼りをすることになります。完璧に覚えているところはもう必要ないので、切り取って、覚えたいところだけを「瞬間記憶」したくなるからです。

切り取ることまで考えると、2行空けて書くのが正解です。

また、**1つの文章が長くなって2行にまたがるときは、1行だけ空けて書いておきましょう。**こうしておけば、つながった文章だとわかりやすくなります。

ただし、同じ内容について書いたものでも、文章が別々になる場合は、必ず2行空けて書きます。

具体例として、豊臣秀吉について書いたノートの文章を左ページに再現してみたので、こちらでイメージをつかんでください。

スカスカのノートが「瞬間記憶」で役に立つ

このくらいゆったり書けば、あとから見返しやすいノートになります。おそらく、「瞬間記憶」のやり方を知っている人でなければ、こんなノートの取り方をしている人はいないでしょう。

●2行にまたがる文章は1行空ける。
●文と文の間は2行空ける。

このルールを徹底してください。

こうしておけば、いずれルーズリーフ1枚を0・5秒で復習できます。

そのために、あえてこのようなスカスカのノートをたくさんつくっておくというのが、正しいノートの取り方なのです。

あとあと1枚0.5秒で見るためルーズリーフはゆったり使う

✕「瞬間記憶」もやりにくいし あとあとまとめづらい

ギュウギュウで
すぐに頭に
入ってこない!

太閤検地とは、豊臣秀吉がおこなった検地であり
太閤とは、関白の職を子に譲った人の呼び名である。
秀吉は太閤検地を基礎とした兵農分離によって
武士、農民、町民の身分を決め、
全国民を支配するための制度を創設した。

○ あとあと切り貼りしやすいように スカスカのノートにしておく

豊臣秀吉がおこなったのは、太閤検地である。

秀吉は太閤検地を基礎とした兵農分離によって

武士、農民、町人の身分を決め、

全国民を支配するための制度を創設した。

違う文章になる場合は
2行空ける

勉強法

その33

やってはいけない！

ルーズリーフは、そのまま使う

これで天才に！

ルーズリーフは、3分割して使う

ルーズリーフは片面のみを使うとお話ししました。

もっと詳しく言うと、そのまま使うのではありません。さらにわかりやすくするため、工夫を加えます。1枚のルーズリーフを3分割して使うのです。

具体的には**左から3・5センチ、右から3・5センチのところに、縦に線を引くのです。**こうすることで、左・真ん中・右と1ページを3分割することができます。

3分割したスペースは それぞれ違う目的で使い分ける

まず、**左の部分はチャプター（題目）を書き込む部分として使います。**「江戸時代」と書いたり「豊臣秀吉」と書いたりします。つまり〝いま、ここでは何について書かれているのか？〟をざっくりと大きなくくりで書くのが左の部分です。

あとあと見直すときには、この左のチャプター部分を見れば、大まかな内容がわかるようになります。

次に、真ん中の部分は、普通のノートとして使います（もちろん、書くときには「2行空けて書く」ということを守ります）。

こうすることで、あとで切り貼りがしやすくなります。

江戸時代は江戸時代でまとめやすくなりますし、豊臣秀吉は豊臣秀吉でまとめやすくなります。

そして最後、**右の部分には、〝行動すること〟を書きます。**たとえば「江戸時代に関する問題集を2冊買う」「教科書の江戸時代のところを見直す」などです。その部分に関して、自分が関連して行動することを書いていくのです。

〝行動すること〟欄が あることが大切だ

右側の「行動すること」の部分は、行動したらその都度、二重線で消していきます。**勉強における「ToDoリスト」のようなもの**だと考えてOKです。

なぜ右側のこの項目が必要かというと、ノートを取っていると「これをしたほうがいいな」ということを思いついたりするものだからです。

もし、こうした思いつきをノートの真ん中の部分に書いてしまうと、困ったことになります。思いつきは必要ないものですから、あとでまとめるときに、その部分だけ消さなければいけなくなるのです。

この作業は積み重なるとなかなか面倒くさく、無駄な時間がとられてしまうのです。

あとでまとめることを考えて ノートの取り方を工夫していく

最初からルーズリーフを3分割して使う習慣をつけましょう。そうすれば、あとでノートを切り貼りしてまとめたり、記憶し終えたところを取り除くときに、作業がしやすくなります。

ノートはあとで見返すときのことを考えてつくりましょう。

そうすることで、「瞬間記憶」に最適なノートができあがるのです。

あとで切り貼りしやすいようルーズリーフは3分割する

「瞬間記憶」に最適な あとでまとめやすいノートにする

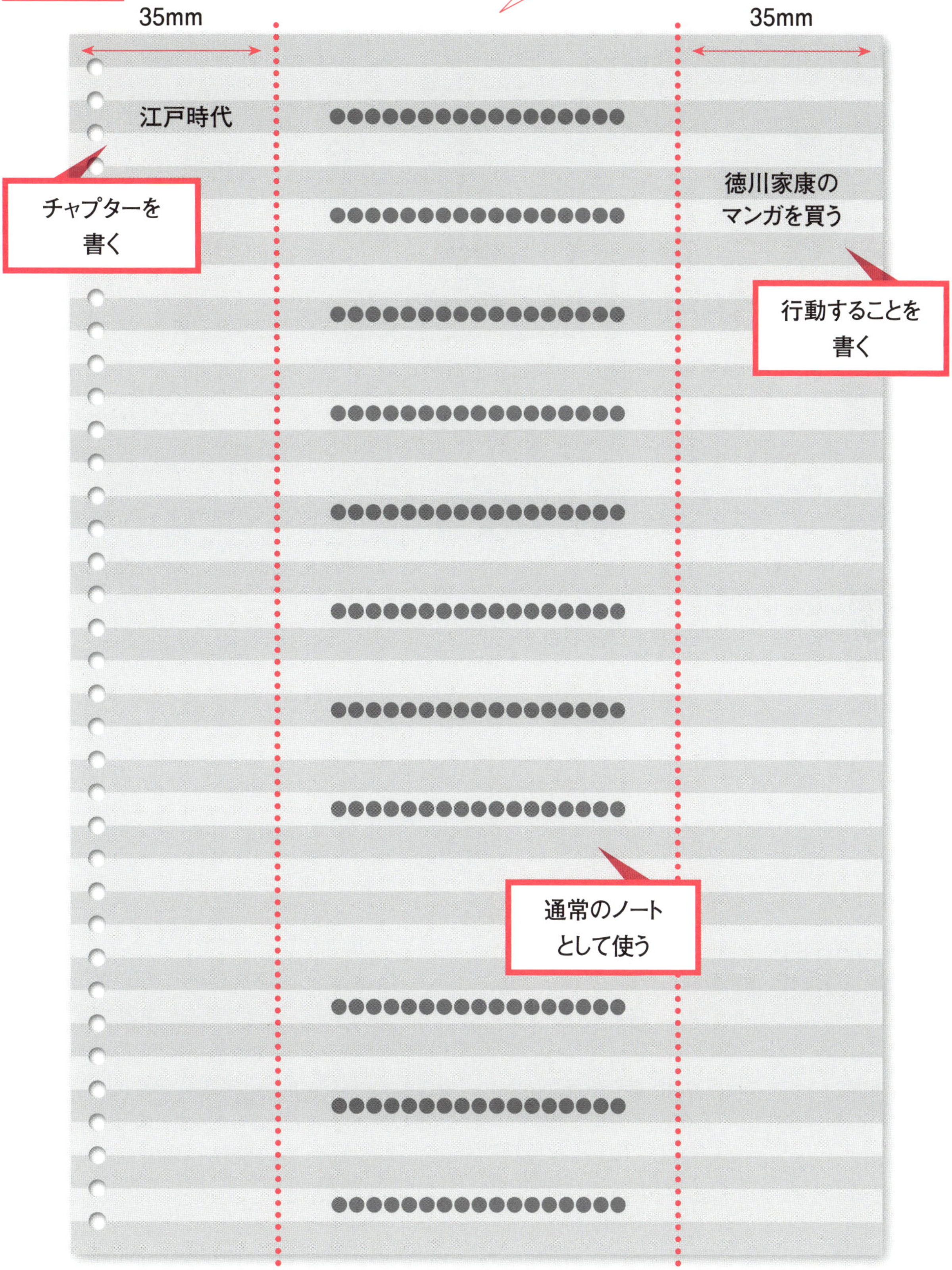

やってはいけない「ノート術」まとめ

勉強法	×	○
その27	ノートを書くときには、黒ペンを使う	ノートを書くときには、青ペンを使う
その28	0.5ミリの芯を使う	0.7ミリの芯を使う
その29	ノートを使う	ルーズリーフを使う
その30	5ミリ幅のルーズリーフを使う	7ミリ幅×37行のルーズリーフを使う
その31	ルーズリーフは、両面とも使う	ルーズリーフは、片面だけ使う
その32	1行も空けずに、ごちゃごちゃと書く	2行空けて、ゆったりと書く
その33	ルーズリーフは、そのまま使う	ルーズリーフは、3分割して使う

column

シールで勉強に「感情」をプラスする

自分の好きなアニメなどのキャラクターシールをノートに貼ると、その教科が好きになります。嫌いな教科にはシールを使って感情をコントロールするのがオススメです。

勉強というのは、論理的な作業です。そんななか、**感情を勉強に取り入れると、記憶をより定着させることができます。**

また、「まじで?」「かわいそう」「なるほど」などと書いた、感情記憶シールを自分でつくり、ノートに貼っておくだけで、感情とともに記憶のフックになります。さらに「重要」「何度も復習」などの「暗記お助けシール」や、「天才!」「すごい」などの**「ホメホメシール」**もつくりましょう。

楽しいシールをどんどん自作すれば、自分だけのノートがより楽しいものになり、勉強をもっと楽しくしてくれるのです。

第5章

やってはいけない「読書法」

読書は知識を増やすために欠かせないものです。

幼少期からたくさんの読書をすることが大切だと言われることもあると思います。幼い頃は日本語を学ぶためだったり想像力を養うためだったりと、じっくり本を読ませる場面もあるでしょう。

しかし、成功するための「読書法」は、また別の観点からおこなうものです。

精読することはもちろん大事ですが、それで長い時間を無駄にしてはいけません。


受験勉強で何より大切なのは時間です。限られた時間のなかで、どれだけの量を読めるかを考えるべきなのです。

1冊の素晴らしい本を何度も読んで研鑽を積むことより、入試ではいかに多くの情報を記憶するかが大切です。

焦ってやみくもに行動して時間を無駄にする前に、第5章でワンミニッツ・リーディングを学び、天才の読書法を知ることが重要なのです。

勉強法

その34

やってはいけない！ 何も考えずに、目の前の本を読む

これで天才に！ 情報処理スピードを上げる訓練をしてから、本を読む

「目の前に本がある」

ただそれだけの理由で、多くの人はいきなり本を読んでいます。

それではダメです。典型的なやってはいけない読書方法です。

情報処理スピードを上げるトレーニングをしてから、本を読みましょう。

情報処理スピードを上げる訓練をせずに文章を読んでいたら、情報処理スピードが遅いまま、時間が経過していきます。

それでは時間がもったいないです。

情報化社会で勝つため情報処理スピードを上げる

よく電車のなかで、同じページを5分くらいかけて読んでいる人がいます。

しばらく見ていてもなかなかページをめくっていかないので「寝ているのかな」と思ったら、どうやら一生懸命読んでいるようなのです。

現代は情報化社会です。新しいニュースはスマートフォンで即座にチェックできますし、日々新しいサービスやテクノロジーが生まれています。

そんな情報化社会において、情報処理スピードが遅いというのは致命的です。のんびりと本を読んでいる場合ではありません。

勉強でも、勝つためにはスピードを味方につけることが大切なのです。

情報スピードを手に入れて凡人と60倍の差をつける

そうはいっても、8時間かけて、参考書を1冊読み終わらない人は多いです。

いや、そもそも参考書を最初から最後まで、1日で読み切ろうとする発想さえない方がほとんどです。そのままでは、凡人のままで勉強するしかありません。

そんななか、**1冊の参考書を1分で処理することができたらどうでしょう。10倍どころか、60倍の情報処理スピードを手に入れることができます。**

第3章では英語の勉強をする際、いきなり長文を読むのではなく、英単語や英熟語、英文法などをマスターしてから長文に取り組んだほうがいいとお伝えしました。

読書の場合も、これと似ています。目の前に参考書があるからといって、いきなりこれを読み始めるのは、いきなり英語の長文問題を解き始めるようなものです。

それでは無駄な時間がかかってしまうだけなのです。

情報処理スピードを上げてから本を読む

読書を効率的におこなうためには、次のツーステップが必要です。

●情報処理スピードを上げるトレーニングをする

●本を読む

多くの人は、最初のステップを無視して、いきなり本を読み始めてしまうからうまくいかないのです。

まずは、情報処理スピードを上げることを先に行い、次に本を読みましょう。このツーステップが、もっとも効率的なのです。

すばやく本を読むには事前の準備が必要だ

何も考えずただ本を読む

ボヤー
8時間かけても
参考書が1冊
読み終わらない!

情報処理スピードを上げてから本を読む

1冊の参考書を
1分で処理する

情報処理スピードを
上げるトレーニングをする

10〜60倍の圧倒的な
情報処理スピードで本を読む

勉強法

その35

やってはいけない！

最初に勉強時間を増やそうとする

これで天才に！

1時間あたりの「回転数」を上げようとする

「どうしよう、時間がない！　このままでは志望校合格は難しい。そうだ、勉強時間を増やせばいいんだ」

こう考える方は多いでしょう。

勉強時間はもちろん多いに越したことはないのですが、それよりも重要なのが**「回転数」**という考え方です。

数学において、1時間で1問しか解けない人がいます。

1時間で4問解くことができたら、回転数は4倍です。1時間で6問解けたら、回転数は6倍。10問解くことができたら、回転数は10倍ということになります。

つまり**1時間で1問しか解けない人と、1時間で10問解ける人がいたら、同じ1時間でも10倍の密度の違いがある**ということです。

回転数を上げていくことが、勉強ができるようになるということです。

英単語をほとんど知らないまま英語の長文を読んだら、辞書を引きながらの作業になるので、90分で1長文こなせるかどうかということになります。

英単語・英熟語・英文法を完璧にしてから、1長文5分で、1日20長文を１００分でこなしたら、回転数は20倍になります。

単純に勉強時間を増やせばなんとかなると考えるのではなく、回転数を上げていくことが、成績を上げる秘訣なのです。

回転数が上がれば情報処理スピードが上がる

進学校の生徒が、夏休みまで部活に専念していて、9月から受験勉強を始めて東大に合格するというケースがあります。なぜ、こういうことができたのかというと、彼らはそもそもの回転数が高かったからです。

ほかの人が1時間で1問を解いているのに、彼らが1時間で10問の問題を解けば、回転数10倍の状態で勝負できます。

勉強ができるようになるには、

①回転数を上げる
②勉強時間を増やす

という順番が大切です。

回転数を上げると、1時間あたりの情報処理スピードが上がります。そのあとで勉強時間を増やすのです。

私の場合は、高校2年生で「瞬間記憶」をマスターして回転数を上げ、高校3年生には、1日20長文をこなせるようになっていました。

高校2年生のときは回転数を上げる作業をメインにして、高校3年生になって勉強時間を1日4時間から8時間に増やしました。おかげで、全国模試1位になれたのです。

「回転数」を上げてからラストスパートを始める

「勉強はラストスパートが大切だ。本番3ヵ月前から、がんばればいい」と言っている方がいます。

回転数が上がっている状態のラストスパートには意味がありますが、回転数が少ない状態のラストスパートは、止まっている状態とあまり変わらないので、ラストスパートにはなっていないことに気づく必要があります。

回転数を上げていくだけで、同じ1時間のなかでも、まったく別の時間の流れを体感することができるのです。

「回転数」を上げれば違う時間の流れを体験できる

勉強時間を増やしても
効率が悪い
とにかく
勉強時間を増やそう
1時間で1問しか
解けない
4時間勉強しても
4問しか解けない
勉強時間を増やす前に
「回転数」を増やす
1時間で
10問解ける!
まずは問題を解く
「回転数」を上げる
回転数を上げておけば
短時間でも成果は桁違い

勉強法

その36

やってはいけない！

1冊2時間かけて本を読む

これで天才に！

1冊1分で本を読む

本を1冊2時間かけて、じっくりと読んでいる人がいます。

これでは遅すぎます。

「私は速読の訓練を受けたことがあるんだぞ。1冊10分で読めるんだ」

このように自慢をする人にも会ったことがあります。

ただ、1冊10分の読書スピードのことを、私は遅すぎて「ハエが止まるスピード」と呼んでいます。

1冊の本を1分で読む（200ページの本の場合）。

これが、天才の読書スピードです。

1冊1分と1冊2時間では、120倍のスピードの違いがあります。

1冊1分で読む技術は1000人以上がマスターしている

「1冊1分なんて、自分にはとても無理だ。できるわけがない」

私の話を読んでこう思った方もいるかもしれません。

では、お聞きします。

「あなたは、1冊1分で読むためのトレーニングを、6ヵ月したことがありますか？」

こう聞かれたら、ほとんどの方が「ない」と答えます。

やってみて挫折したわけではなく、やったこともないという方ばかりなのです。

私は「1冊1分で本を読む方法」を2007年から伝授しています。**これまでの受講者は1000人以上ですが、いまのところ挫折者はゼロです。**

トレーニングをすれば誰でも1冊1分は可能になる

誰でもできる方法があるにもかかわらず「どうせ無理だろう」「1冊1分なんて、できるはずがない」と、最初からあきらめている方がほとんどです。

「瞬間記憶」も、3ヵ月はトレーニングが必要です。

1冊1分も、6ヵ月はトレーニングが必要であるという、ただそれだけなのです。

本は「1冊1分で読む」のが当然

1min.
6ケ月のトレーニングでだれでもできる

勉強法 その37

やってはいけない！

1ページ1秒でめくっていくのがすごいと思っている

これで天才に！

見開き2ページを0・5秒でめくっていくのが当たり前だ

1ページ1秒ではなく、見開き2ページ0.5秒だ

1000冊読めば 1000分（約14時間）の差に

「1冊1分ということは、1ページ1秒なんですね」と言う人がいます。

200ページの本だとして、1ページ1秒だと200秒なので、3分20秒かかってしまいます。これでは遅いです。

「では、見開き2ページを1秒で処理していくんですね」と言う人もいます。

ですが、見開き2ページで1秒だと、100秒なので、それでも1分40秒も時間かかってしまいます。

究極の読書テクニック ワンミニッツ・リーディング

では、1冊1分で読むためには、どれほどのスピードが必要なのでしょうか。

答えは、**見開き2ページを0・5秒でめくる、というスピードです。**

これだと50秒なので、1分以内に1冊を読み終えることができる計算になります。

このように見開き0・5秒のスピードで、1冊1分で本を読む技術のことを私は**「ワンミニッツ・リーディング」**と名付けて実践しています。

0・5秒の差が、いずれ1000分の違いになる

「ワンミニッツ・リーディングは、見開き1秒なんですよね？」

「いえ、違います。見開き0・5秒です」

「見開き1秒も0・5秒も、たいして変わらないじゃないですか！」

こういうやりとりを、ワンミニッツ・リーディングができない方とすることが多いです。

しかし、**見開き1秒と0・5秒では天と地ほどの開きがあります。**

これは言ってみれば、50歳で寿命が尽きるか100歳まで生きるのかというのと、同じくらいの違いです。

たしかに1冊だと、さほど差がつかないかもしれませんが、**およそ1000冊本を読んだら、1000分（14時間以上）の違いになります。**

見開き0・5秒でページをめくるのが、ワンミニッツ・リーディングなのです。

勉強法

その38

やってはいけない！ 脳内音読をする

これで天才に！ ページをめくる作業に集中する

本を読むのが遅い方には特徴があります。それは「脳内音読」をしてしまっているということです。

つまり、脳のなかで音読をしながら本を読んでしまっているのです。しかし、これをしたら、必然的に読書スピードは遅くなってしまいます。

脳内音読の悪習をなくす効果的な方法とは何か？

脳内音読をして、

「あれ？ どこまで読んだっけ？」

と忘れてしまい、また最初から読み直すという体験をした方は多いはずです。

脳内音読という悪い習慣をなくすには、いい方法があります。それは簡単です。**「ページをめくる」という作業だけに集中すればいいのです。**

そもそも見開き2ページを0・5秒でめくっていたら、脳内音読をしている余裕などなくなります。

つまり、ついつい脳内音読をしてしまう人は、余裕があるから、脳内音読をしてしまうのです。

脳の回転数が遅い人はページをめくるのも遅い

脳の情報処理スピードは、ページをめくる速度に比例します。

すなわち、本を読むときにページをめくるスピードが遅い人は、脳の回転数も遅いということです。

そしてこれは、ページをめくるスピードを速くすれば、それにともなって脳の回転速度を速くすることも可能である、ということでもあります。

見開き2ページを0・5秒でめくる習慣がつけば、脳の回転数もそれに対応できるように追いついてきます。

じつは脳は、慣れれば簡単に見開き0・5秒で情報を処理することができます。

そうなれば、必要なことがわかってきます。その処理スピードにあった「ページをめくる速さ」が必要になるのです。

ページを速くめくれるようになれば情報処理スピードが速くなる

私はワンミニッツ・リーディングを人に教えるとき、

「6ヵ月間、見開き0・5秒以外のスピードでページをめくってはならない」

という宿題を生徒に課します。そうすると、どんな人でも情報処理スピードが速いのが当たり前になります。

では何が難しいのか。

簡単な話です。それは「ページをめくる作業」です。

その意味で考えると、ワンミニッツ・リーディングというのは、読書術というよりも**「ページめくり術」**です。

見開き2ページを0・5秒でめくれるようになると、自動的に脳の情報処理スピードが追いついてくるというイメージです。

「脳の回転数が高い人が、情報処理スピードが速い人」なのではありません。

「ページを速くめくれる人が、情報処理スピードが速い人」というのが正しいのです。

ワンミニッツ・リーディングはページめくり術だ

✕ 難しいのは本を速く読むことだ

○ 難しいのはページを速くめくることだ

ワンミニッツ・リーディングのやり方

右手で本を持ち、
左手でめくる

見開き2ページを0.5秒でめくる習慣がつく

↓

脳の回転数がそれに追いつく

勉強法

その39

やってはいけない！

眼球運動をする

これで天才に！

周辺視野を使う

「速読をしています」と言って、講師の方が激しく眼球運動をしている動画を見たことがある方もいるでしょう。目を上下にすばやく動かしているものです。

こうしたやり方をする人が世の中にいるため、私が教えている「瞬間記憶」でも、目を速く動かす方法なのだと思っている人がいるかもしれません。

それは間違いです。むしろ真逆です。

ワンミニッツ・リーディングでは眼球運動はしません。眼球運動をしたら、目を動かして一言一句文字を追っている時間がもったいないですし、目も疲れてしまいます。

眼球運動は目が疲れる 周辺視野なら目が疲れない

ちょっと想像してみてください。

「4時間の勉強時間で、4時間眼球運動をし続けろ」

こう言われたら、目が疲れて勉強にならないはずです。

効率的に勉強をするための「瞬間記憶」なのに、疲れて効率が落ちてしまっては、それこそ本末転倒です。

文章を読むときに**眼球運動をするのではなく、周辺視野を使う。**

これがワンミニッツ・リーディングのときの視野に対する考え方です。この周辺視野というものについて、もう少し詳しく説明していきましょう。

周辺視野を使えば 全体的に情報を処理できる

周辺視野というのは、1つのものを見ていたら、ほかのものも目に入ってしまうというものです。

たとえば、左の図で「人差し指だけ見てください」と言われても、どんな人でも絶対に人差し指だけしか見えないということはありえません。うまく認識できていなくても、指の周辺など全体が目に入ってしまうはずなのです。

それが周辺視野です。

わざわざ高速で目を動かさなくても、結果的に全体が見えているというわけです。

ワンミニッツ・リーディングでは、これを利用します。

速く動かすのは目でなく ページをめくる左手

見開き2ページを0・5秒で、右手で本を持って、左手でページをめくるのがワンミニッツ・リーディングです。

左手でものすごいスピードでページをめくるので、手を見ようと思ったら、周辺視野で見開き2ページが丸々見えてしまう。

そうすると結果的に、「瞬間記憶」として内容が頭に入ってくる。

それこそが、ワンミニッツ・リーディングのやり方です。

目を高速で動かすのではなく、全体像としてとらえ、ページをめくる手を速く動かすのです。

周辺視野をうまく使ったワンミニッツ・リーディングなら、何時間も目が疲れることなく、最速で情報処理ができるのです。

ワンミニッツ・リーディングは周辺視野の使い方がカギ

✕ 眼球運動をしていたら
目が疲れて勉強にならない

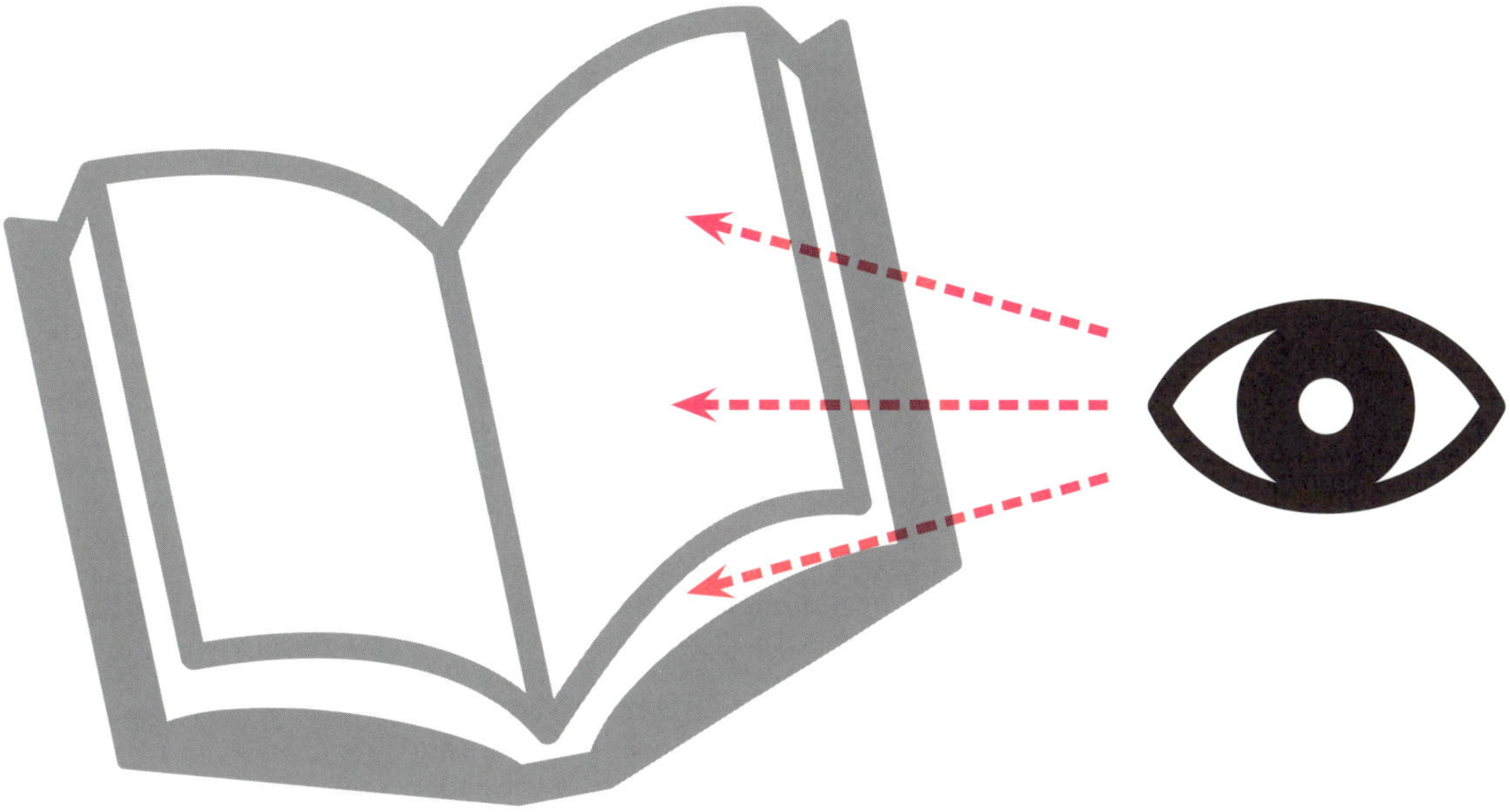

○ 周辺視野を使えば何時間やっても
目が疲れることはない!

「人差し指だけ見て」
と言われても
自然と全体が見える

勉強法 その40

やってはいけない！ 本を速く読むには速読術しかないと思っている

これで天才に！ 脳のなかの時間の流れを遅くすれば1冊1分で読める

「1冊1分で本が読める講座を開催しています」

私がワンミニッツ・リーディングについてこのように説明すると、ほとんどの場合、このように返されます。

「それって速読ですか？」

もう200回以上はこのような質問を受けたと思います。

正直、うんざりするくらい聞かれるので、最近は「もう面倒くさいから、速読ってことでいいですよ」と答えて、ごまかしているくらいです。

1冊1分で読むためのコツは「脳の体感時間」にあった

このようにとても誤解されやすいのですが、実際は、**1冊1分のワンミニッツ・リーディングに、いわゆる速読のスキルはまったく使っていません。**

では、何をしているのか。

「脳内における体感時間を遅くしている」というのが正解です。

「美人の隣に座っていると、1時間が1分に感じる。熱いストーブの上に腰掛けたら、1分が1時間に感じる。これが相対性理論です」（アルバート・アインシュタイン）

という言葉があります。

快楽の時間は一瞬で過ぎ去り、苦痛の時間は永遠に感じる。

これこそが体感時間です。

時間の流れの速さは意外と簡単に変わってしまう

時間の流れはどんなときでも、だれにとっても常に一定だと多くの人は思ってしまいがちです。

しかし、アインシュタインが提唱したこの相対性理論のように、個人の体感時間は意外と簡単に変化するものなのです。

ワンミニッツ・リーディングも、この相対性理論と同じように、**体感時間をコントロールすることによって1冊1分で読む**ことが可能になっています。

効率を上げるためにあえて勉強時間を長く感じさせる

「勉強は楽しいです。あっという間に時間が過ぎます」

1冊1分をやるためには、そういう人を目指すのではありません。むしろ、まったく逆の考え方をします。

「つらい。なかなか時間が過ぎていかない」

こういう状態を目指すのです。この状態こそが理想的です。

普通の考えでは

「好きこそものの上手なれです。勉強を好きになりましょうね」

と言うはずです。

ですが、そうなると1時間の勉強時間を1分に感じてしまうリスクがあります。

それよりも、**脳内における体感時間を遅らせたほうが効果的です。**

そうすると、同じ1時間の勉強時間でも60時間分の勉強時間に感じるので、効率が上がるのです。これが体感時間を利用した勉強のテクニックなのです。

1冊を1分で読むために脳内の体感時間を遅くする

美人の隣に座っていると、
1時間が1分に感じる。
熱いストーブの上に腰掛けたら、
1分が1時間に感じる。
これが相対性理論です

【アルバート・アインシュタイン】

✕「勉強が楽しい。あっという間に時間が過ぎる」

○「つらい。なかなか時間が過ぎていかない…」

脳内の体感時間を
遅らせることで効率を上げる

勉強法

その41

やってはいけない！

勉強を好きになったほうが、成績が上がる

これで天才に！

ページをめくるときにイライラするだけで成績が上がる

「勉強が好きになれば成績は上がる。私は勉強が嫌いだから成績が上がらないのであって、もっと勉強が好きになれば成績も上がるはずだ」

このように考えている人がいます。

もちろん、勉強が嫌いだとまったく勉強をしなくなってしまうので、勉強嫌いはよくありません。

ですが、必要以上に勉強が大好きになってしまうと

「大好きな勉強をしていると、時間が一瞬で過ぎ去ってしまい、『時間が足りない……』と焦る原因になる」

というデメリットがあります。

「勉強を苦痛に感じる」これも正解ではない

「わかったぞ。勉強は嫌いだ。苦痛だと思えば時間が長く感じるんだ」

私の説明を聞いて、こんなふうに思った方もいるかもしれません。

ですが、勉強に対して苦手意識を持ってしまったら、それはそれで成績が上がりません。よくない方法です。

ページをめくるのが苦痛なら勉強の体感時間は遅くなる

勉強に苦手意識を持たずに体感時間を遅くできる方法があります。

勉強自体を苦手になろうとするのではなく、勉強のために生じる行為の1つにフォーカスするのです。

それが「ページをめくること」です。

「ページをめくるのは大変だ。苦痛だ。なかなか1分が終わらない」

こう感じることで、「ページをめくること」に対して、ネガティブな感情を芽生えさせるのです。

そうすれば、勉強ではなく、ページをめくることに対する苦手意識を使って、体感時間を遅らせることができます。

イライラの感情を使って、1分を1時間に感じられれば、あなたの「勉強時間が足りない」という悩みはなくなるのです。

「ページをめくること」にネガティブな感情を芽生えさせる

勉強法 その42

やってはいけない！

精読をすることが素晴らしいと思っている

これで天才に！

精読かつ、多読がいいに決まっていると思っている

ワンミニッツ・リーディングは多読かつ精読

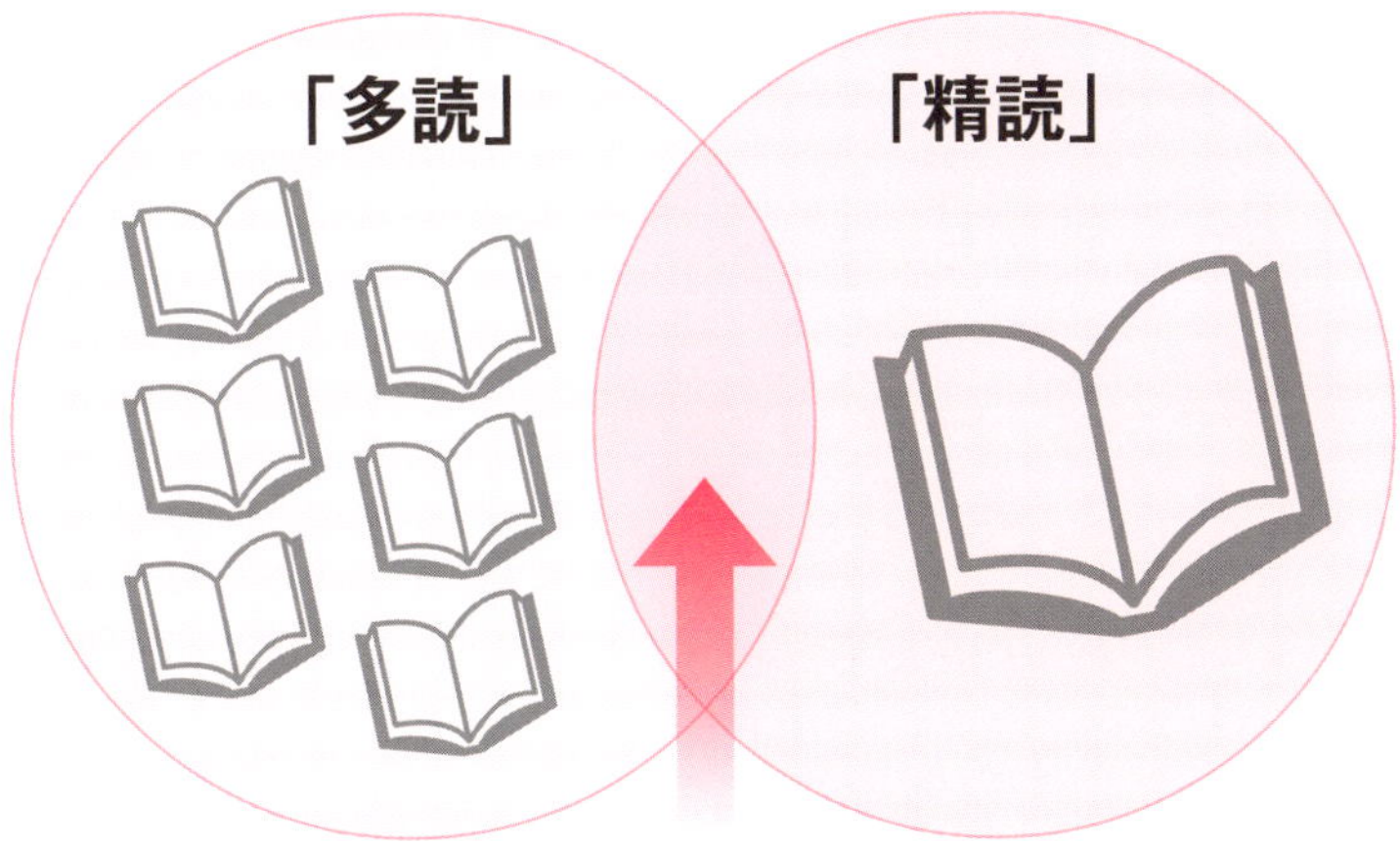

「多読」かつ「精読」なのが
ワンミニッツ・リーディング

「本はじっくり読むものだ」

こう考えている精読の信者の方は、とても多いです。

それならば、**精読かつ多読のほうがいいに決まっています。**

我々は1冊1分で本を読んでいますが、ページをめくることに対して、イライラの気持ちを持ちながらめくっているので、体感時間を1時間にしながら、1冊1分で読むことができるようになっています。

1冊1分で本を読んでも1分だとは感じていない

ほかの人から見たら「1冊1分なんて、とんでもなく速いスピードだ」と思われます。ですが、1冊1分で本を読んでいる張本人からしたら、1分を1時間に感じながら、本を読んでいるというだけです。

「1冊1分のときの絶対時間は1分だが、相対時間は1時間である」

これが、ワンミニッツ・リーディングをしているときの感覚です。

体感時間は1時間なのでしっかり精読することが可能

「1冊1分では、内容がわからないのではないか。内容がわからなければ意味がないぞ」

こう言う人がいるのですが、誤解しています。読んでいる本人の体感時間は1時間なのですから、感じ方としては精読しているのと同じです。

また「1冊1分は、飛ばし読みなのではないか」と言う人もいます。これはまったく違います。

めくる作業をすることにより、体感時間を長くさせているだけというのが、ワンミニッツ・リーディングのやり方の説明としては正解なのです。

精読か？　多読か？

こういう二者択一で考えるのは、まさに凡人の発想です。

天才は、精読かつ多読がいいに決まっていると考えています。

ワンミニッツ・リーディングを使えば、精読かつ多読が当たり前になるのです。

勉強法

その43

やってはいけない!

内容を忘れないように、本を読まなければいけない

これで天才に!

内容を忘れようとして、本を読まなければいけない

「本を読んでも、すぐに内容を忘れてしまう。せっかく読んだのだから、本の内容を忘れないようにしたい」

こう言う人がいます。これは読書に対するアプローチがまったく間違っています。

そうではなく**「どんどん忘れよう」と思って、ページをめくっていくのが正しい本の読み方です。**

忘れようとして失敗する それが正しい本の読み方だ

成績が悪い人は、覚えよう、覚えようとして、失敗して、覚えられないという現実が待っています。

どうせ失敗するのであれば、忘れることに失敗すればいいのです。

本を読むときには「ページをめくった瞬間に、いままでのページの内容は忘れよう」と思って、見開き2ページ0・5秒のスピードで最後まで読み進めます。

忘れようとすると、忘れることを失敗して、結果的に覚えているという現実が手に入るわけです。

百人一首の選手も 忘れることのほうが難しい

「百人一首で難しいのは、忘れることだ」と言われます。

札《ふだ》の配置を覚えるのは簡単。むしろ、1時間後の次の対局のときまでに、前の対局の札の配置を忘れることのほうがよっぽど大変だというわけです。

たとえば、一回戦の対局で「からくれないに　みずくくるとは」の札が、左手前にあったとします。

二回戦の対局で「ちはやふる」というその上の句が読まれたときに、前回と同じ左手前の札を叩いてしまわないかどうか。そのことに、気をつけなければいけません。

このように、**記憶の天才である百人一首の選手は、「覚えるのは簡単だ。忘れるのが難しい」**と思っています。

ならば、あなたも「覚えるのは簡単だ。忘れるのは難しい」と思いながら、勉強をすればいいのです。

本を読むときも、内容を忘れよう、忘れようとして本を読みます。

少しでも「内容が知りたい」と思ったら負けです。

ワンミニッツ・リーディングは 覚えるための「忘れる」作業

ワンミニッツ・リーディングは、内容を忘れようとしておこなう作業です。

「ワンミニッツ・リーディングで本を読んで、内容は覚えているのですか?」

こんな質問をしてくる人がこれまで何百人もいました。

しかし、この質問をしている時点で、その人は

「本を読んで内容を覚えていなければ意味がない。読書は覚えようとしてするものだ」

という固定観念に縛られてしまっているので、アウトです。

「ワンミニッツ・リーディングでは、内容を覚えようとしてはいけないんです。内容を覚

内容を覚えるよりも忘れるほうがずっと難しい

✕ 少しでも「内容が知りたい」と思ったら負け!

本の内容を
覚えなければ意味がない。
読書は覚えようとするものだ
自分は
記憶力がない

〇 内容を覚えることに興味がなくすのが天才の読書術

本の内容なんて
忘れよう!
忘れることに
失敗した!

えることに興味がなくならなければいけないんです」

このように答えると、こういう人は、がっかりして去っていきます。

覚えたいと思って覚えようとしたら、覚えられるはずがありません。

覚えたいなら、忘れようとする。

これが正解なのです。

天才というのは凡人と逆の発想をする人である

凡人として勉強をするのではなく、天才になって勉強をする。

天才は、凡人とは逆の発想で物事を捉える人たちです。

あなたはいままで自分のことを「覚えられない、記憶力が悪い」と思っていたかもしれません。

ですが、それは覚えようとしていたから、覚えられなかっただけです。

忘れようとしながら、英単語帳を何度も何度も見る。

忘れようとしながら、日本史・世界史の教科書を見る。

忘れようとしながら、本を読む。

この作業を3回、9回、21回と繰り返すことによって、天才としての勉強法が当たり前になってくるのです。

やってはいけない「読書法」まとめ

勉強法その34	何も考えずに、目の前の本を読む	×
	情報処理スピードを上げる訓練をしてから、本を読む	○
勉強法その35	最初に勉強時間を増やそうとする	×
	1時間当たりの「回転数」を上げようとする	○
勉強法その36	1冊2時間かけて本を読む	×
	1冊1分で本を読む	○
勉強法その37	1ページ1秒でめくっていくのがすごいと思っている	×
	見開き2ページを0.5秒でめくっていくのが当たり前だ	○
勉強法その38	脳内音読をする	×
	ページをめくる作業に集中する	○
勉強法その39	眼球運動をする	×
	周辺視野を使う	○
勉強法その40	本を速く読むには速読術しかないと思っている	×
	脳のなかの時間の流れを遅くすれば1冊1分で読める	○
勉強法その41	勉強を好きになったほうが、成績が上がる	×
	ページをめくるときにイライラするだけで成績が上がる	○
勉強法その42	精読をすることが素晴らしいと思っている	×
	精読かつ、多読がいいに決まっていると思っている	○
勉強法その43	内容を忘れないように、本を読まなければいけない	×
	内容を忘れようとして、本を読まなければいけない	○

第6章

やってはいけない「勉強習慣」

最後のこの章では、やってはいけない「勉強習慣」についてお話します。

習慣というのは恐ろしいもので、いい習慣も悪い習慣も、繰り返せば同じように体に染みついてしまいます。

まず自分を変えたいと思ったら、この習慣に目を向けるのがいいでしょう。

入試までの貴重な1日を、いい習慣でコントロールして天才として勉強をするのか、悪い習慣と知らず非効率な時間を過ごし続けるのか……どちらが賢明か、もうおわかりですよね。

ここまで本書を読んできたあなたなら、きっとやってはいけない「勉強習慣」から、天才として日々を過ごすための道筋を見つけられるはずです。

習慣は、それらを重ねた期間がどれだけ長いかで変わってきます。

もし自分が「やってはいけない」習慣をしているとわかったら、今日からすぐにでも改善し、天才になるための習慣を始めるのが得策なのです。

勉強法

その44

やってはいけない！

「やっぱり、問題が解けなかった！」と感じる

これで天才に！

「まさか、問題が解けなかった！」と感じる

天才は、**「できること＝当然」「できないこと＝滅多にないこと」**と捉えます。

なので問題を解く際にも、解けることが当然だと考える習慣がついています。

誤解してはいけませんが、これは決して自信過剰なわけではありません。

天才として勉強していれば、そうなるべき根拠があるのです。

「うまくいく＝やっぱり」の図式は普段の習慣から生まれる

たとえばこれを、恋愛のケースで考えてみましょう。

世の中には、好きな男性に告白して、ダメだったときに、ついつい「やっぱり」と言ってしまう人がいます。

この場合、「告白してダメな結果＝やっぱり」「告白してうまくいく＝まさか」という図式が脳内にできてしまっています。つまり、「どうせ告白しても振られてしまうだろう」という思考があるということです。

もし、モテモテで男性から告白ばかりをされている女性が、告白をして断られたら「まさか」という言葉が出るはずです。

それは「告白してダメな結果＝まさか」「告白してうまくいく＝やっぱり」という図式が、脳内でできあがっているからです。

これと同様に、**「問題が解ける＝やっぱり」「問題が解けない＝まさか」というのが、天才の頭のなかです。**

「問題が解けるのが当然だ」となるのが天才の勉強法だ

あなたは「問題が解ける＝まさか」「問題が解けない＝やっぱり」とはなっていないでしょうか。

もしそのような考え方になってしまっているとしたら、それはあなたの勉強がまだまだ足りていない証拠です。

もし天才として「瞬間記憶」をマスターし、ワンミニッツ・リーディングを駆使したとします。そのような方法で勉強をし、すでに英単語・英熟語・英文法が完璧で、1日20長文を読んでいるにもかかわらず、知らない問題が出たらどうでしょう。

そうです。

「まさか」と感じるはずです。

知らない問題に対する自分の感覚が指標の一つになる

中学1年生から東大数学を解いていて、東大対策の予備校に6年間通い、東大の試験に出題されそうな問題ばかりを1万問解く勉強をして、本番で知らない問題が出たら「まさか」と思うはずなのです。

けれど、ほとんど勉強せずに入試本番を迎えて、知らない問題が出たら「やっぱり」と感じるはずです。

「知らない問題が出たら、まさか」

そう思えるくらい、圧倒的な勉強量をこなせば、誰でも志望校に合格できるのです。

知らない問題に直面してしまったとき、自分がどのように感じているかを確認してみましょう。いまの自分の勉強量が十分なのか、それともそうではないのかを測る目安はここにあるのです。

知らない問題が出たら「まさか!」と思え!

✕ 「やっぱり」と思うのは勉強が足りていない証拠!

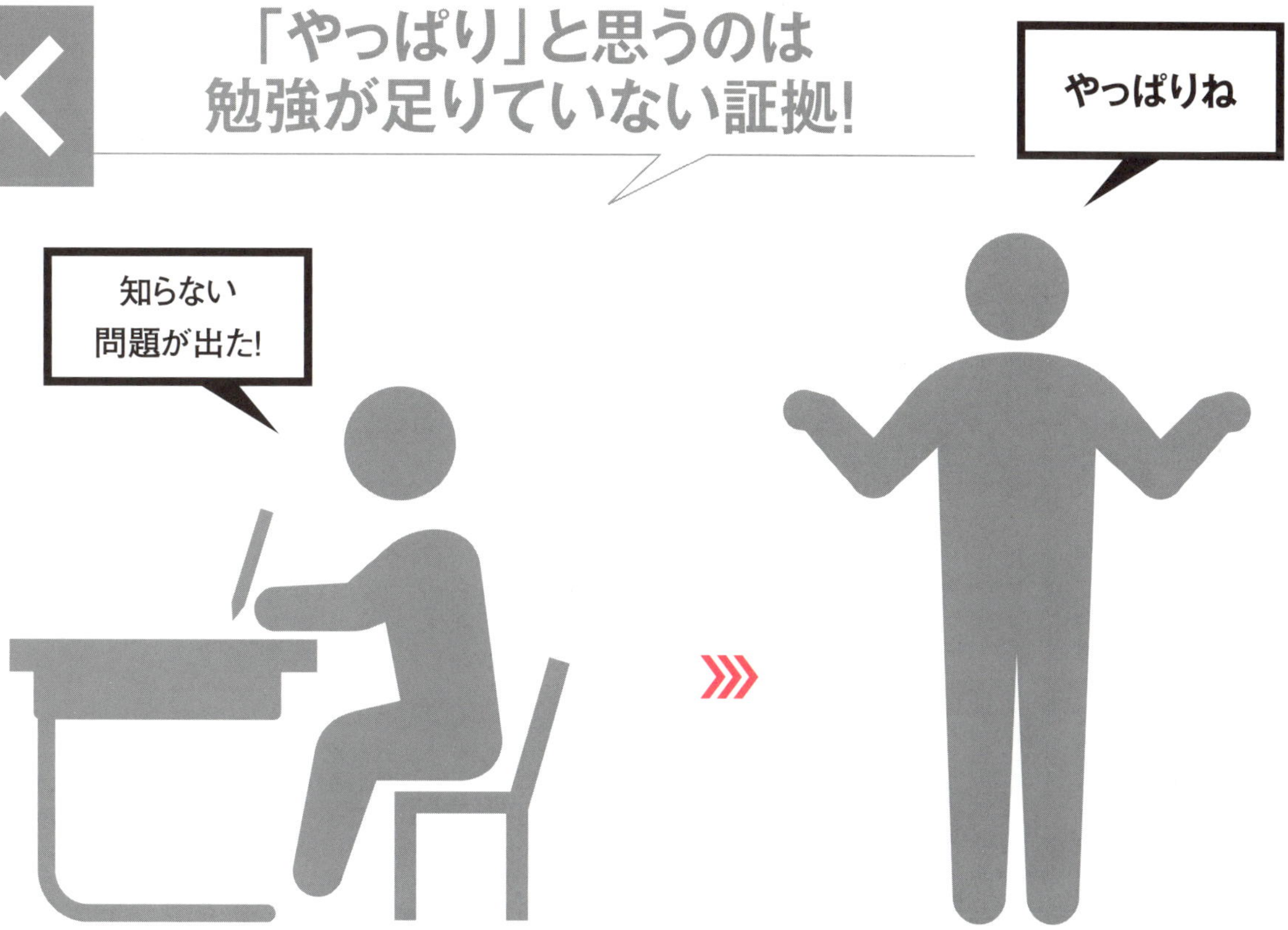

○ 徹底的に勉強していれば知らない問題は「まさか!」と思う

やってはいけない！

問題が解けなかったら、勉強をやめる

これで天才に！

問題を解いたあとに、勉強をやめる

小学生の頃、算数の問題が解けずに、勉強を投げ出してテレビを見たり、おやつを食べたりしたという経験はないでしょうか。

そういう人は、勉強が苦手になる人です。

なぜかというと

「勉強ができない＝快楽（テレビ・おやつなど）」

と、脳内でイコール関係で結びついてしまっているからです。

逆に問題が解けたら遊びに行く、問題が解けたらケーキを食べる、という習慣がついていたらどうでしょう。

「勉強ができる＝快楽（遊び、ケーキなど）」

と、脳内が結びつきます。

できないまま勉強を終えると それが脳を勘違いさせる

問題が解けなかった直後に快楽的な行為をしてしまうと

「勉強ができない自分こそ、素晴らしい」

と、脳が勘違いをしてしまうのです。

「私はバカなんです！」「私は頭が悪いんです！」と言う人がいますが、彼らは「バカな私＝快楽」「頭が悪い私＝快楽」と、脳内で結びついています。

そうならないためにも、**どんなに簡単な問題でもいいので「問題ができたあとに遊ぶ」という習慣をつけることが大切なのです。**

ご褒美を与えるときは必ず プラスの成果に結びつける

大人でも、仕事をしていて「行き詰まった。ここで休憩だ」と言う人がいます。

こういう人は、仕事ができません。

なぜなら、仕事が行き詰まってできなくなることが、快楽になっているからです。

「よし、仕事が終わった！　遊ぶぞ」

こういう人は、仕事ができることが快楽になっているので、どんどん仕事ができる人になっていきます。

マイナスの行為にご褒美を与えるのではなく、プラスの行為にご褒美を与える。

そういう人が仕事も勉強もできる人になっていくのです。

プラスの行為に「ご褒美」を与えよう

勉強法 その46

やってはいけない!

夜12時以降に勉強する

これで天才に!

夜12時前には、勉強を終える

翌日のコンディションは前日に調整する

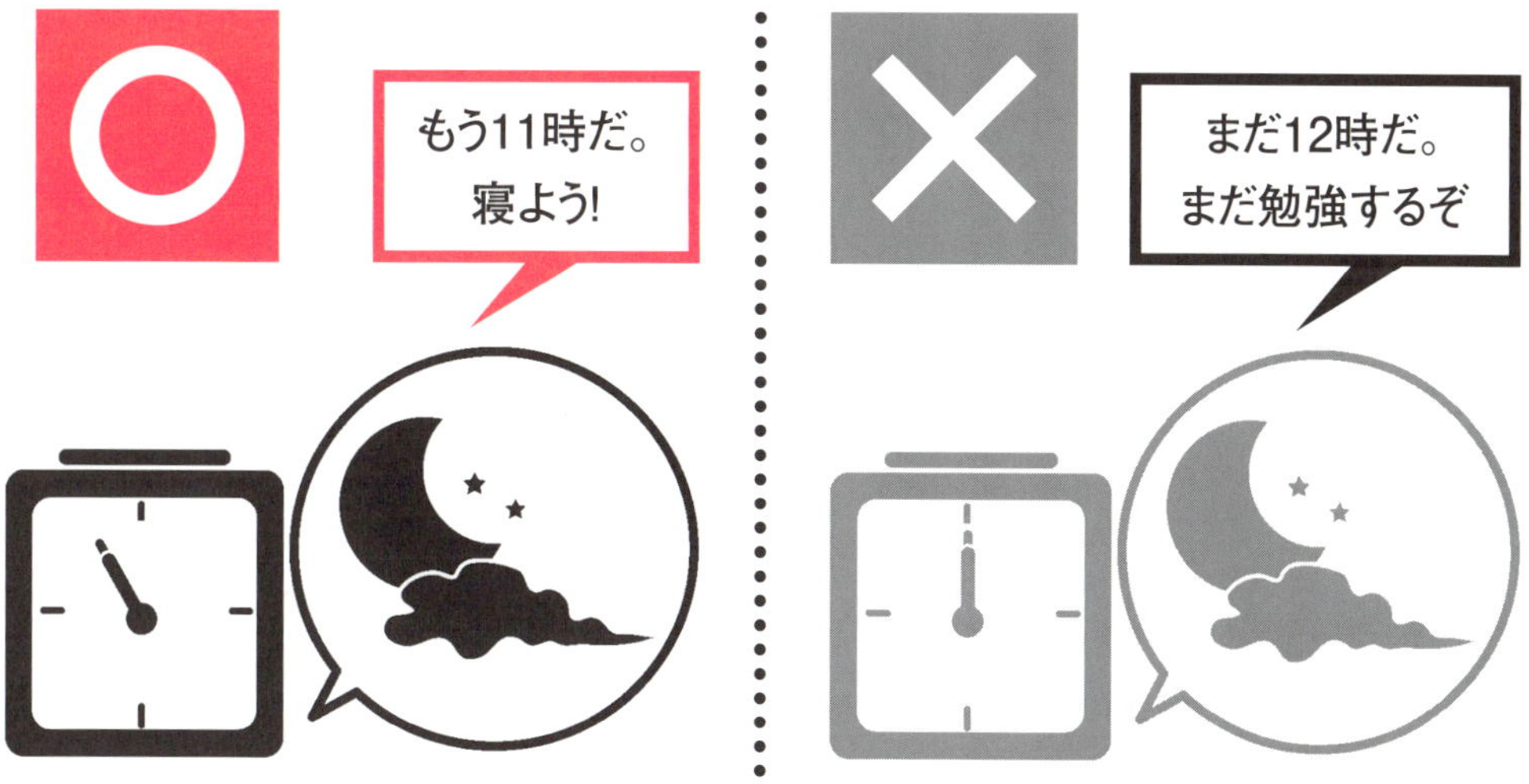
もう11時だ。寝よう!
まだ12時だ。まだ勉強するぞ

コンディションを整える

翌日に悪影響

「昨日は夜中の2時まで勉強した」

こんなふうに、夜遅くまで勉強したことを自慢する人がいます。

しかし、深夜の2時まで勉強をしてしまうと、睡眠時間が少なくなってほぼ確実に翌日のコンディションに悪い影響を及ぼします。

1日だけ勉強をしても、反動で翌日に勉強をしなくなっては意味がありません。

「月曜日は勉強時間が15時間で、火曜日、水曜日、木曜日、金曜日はゼロ」

というよりも、

「1日3時間で5日間続けて勉強をした」

こちらのほうが成績は上がります。

「いかにコンスタントに、勉強をすることを当たり前の習慣にできるか」

これが勉強で成果を出せるかどうかのポイントなのです。

まずは勉強しなくていいから机の前に座ってみよう

なかには「なかなか机の前に座っていられません」という悩みを持つ人もいます。

こういう人は勉強をしなくていいので、**まず机の前でゲームをしたり、机の前でスマホを見たりする習慣をつけて、机の前に座る抵抗感をなくしていきます。**

その後、机の前で勉強をするようになれば、すこしずつ机の前に座るのが、当たり前になっていきます。

長い戦いを勝ち抜くには途中で燃え尽きないことが大切だ

大切なのは、燃え尽きないことです。

中学1~2年で勉強をがんばりすぎて、中学3年で燃え尽きたら意味がありません。

夜遅くまで勉強する人は、燃え尽き症候群になりやすいです。

朝早く起きて勉強する人は、朝の勉強は習慣になりやすいので、燃え尽き症候群にはなりにくいのです。

夜12時を越えたら、勉強はしない。

翌日のコンディションを整えるために、12時前には寝る習慣をつけるのは、受験という長丁場を乗り切るために不可欠なのです。

勉強法

その47

やってはいけない!

睡眠時間を削って勉強する

これで天才に!

睡眠時間は7時間〜7時間30分取る

睡眠時間を削って勉強する人がいます。

しかしこれは「もう入試まで3ヵ月しかない。いままでまったく勉強したことがない」というシチュエーションの人にとってのみ有効な戦略です。

長期記憶に落とし込むという作業が必要なく、天才としての勉強も放棄し「ただ、勉強時間だけを増やす」という単純な戦略に特化できるからです。

寝ているときに、短期記憶は長期記憶に落とし込まれます。なので睡眠時間が少ないと、せっかく前日に覚えたことを忘れてしまうことになります。

睡眠は、体を休めることだけが目的ではありません。「長期記憶に落とし込む」という効果があるのです。だからこそ、天才は睡眠時間をしっかり取る必要があるのです。

7時間〜7時間30分を基準にする

では睡眠時間は、何時間がいいのでしょうか。これは、すでに答えが出ています。

「7時間〜7時間30分」です。

なので**「基本的には7時間睡眠にして、30分寝坊してもいいようにしておく」**というのがオススメです。

私の受験時代は、7時間15分にしていて、プラスマイナス15分の幅をもたせていましたが、これはどちらでも構いません。

逆算して決めてみましょう。

5時起きならば、10時に寝る。
6時起きならば、11時に寝る。
7時起きならば、12時に寝る。

ざっくり言えばこうです。とはいえ、朝に勉強時間を最低30分は取ったほうがいいと思っているので、12時に寝るのは遅すぎです。**遅くとも11時30分、できれば11時には寝るようにするのがいいでしょう。**

脳を活性化させるためには日の出とともに起床するといい

では、起きる時間は何時がいいのか。これもすでに答えが出ています。

答えは**「日の出とともに」**です。

太陽が昇る瞬間に目覚めることで、もっとも脳が活性化します。**夏は朝4時30分くらい、冬は6時50分くらいになります。**

よくないのは「毎朝5時30分に起きるぞ」という目標です。夏の5時30分は簡単ですが、冬の5時30分はつらいからです。

季節によって寝る時間と起きる時間を変えてみよう

日の出から逆算して7時間前に寝ましょう(『あかつきアラーム』というスマートフォンのアプリがあります。毎朝、日の出とともにアラームが鳴るようになります。「琴の音色」という音がおすすめです)。

春・秋は10時30分に寝る(5時30分起き)
夏は、9時30分に寝る(4時30分起き)
冬は、11時30分に寝る(6時30分起き)

これが睡眠時間の必勝法です。

とくに「午後10時から深夜2時までの4時間に、成長ホルモンが出る」と言われています。この時間は寝ていたほうが、学生にとっては、よりいい時間の使い方なのです。

7時間〜7時間30分の睡眠時間を取る

睡眠中に

短期記憶

長期記憶

○ 太陽が昇る瞬間に目覚めれば脳がもっとも活性化する

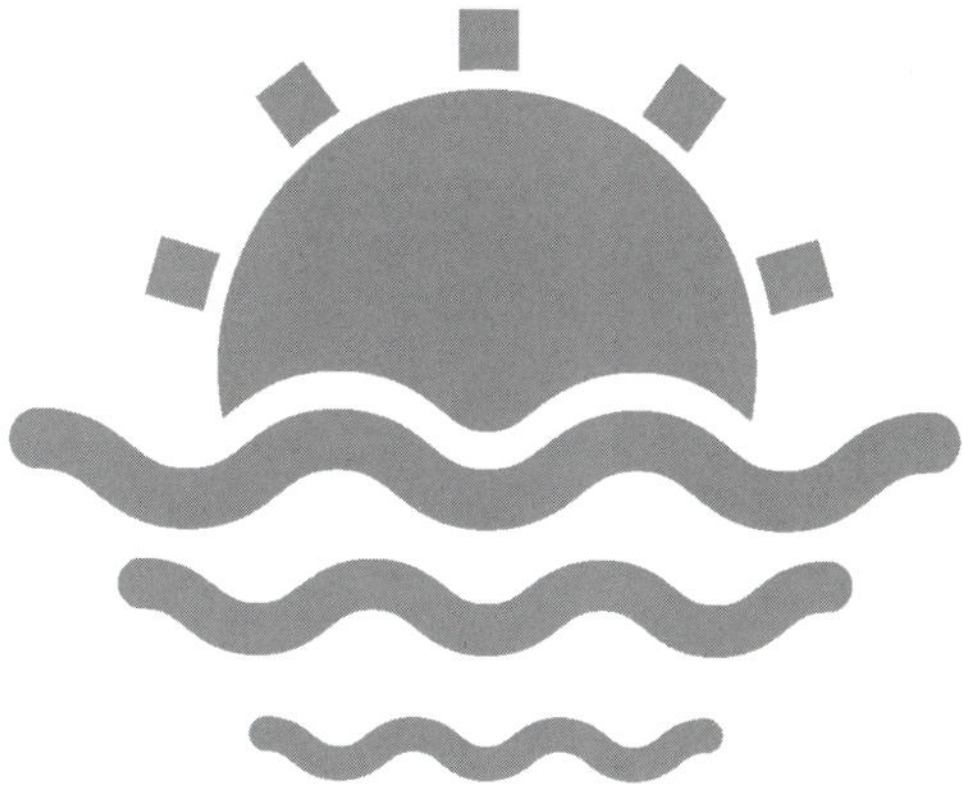

夏は

朝4時30分くらい

冬は

朝6時50分くらい

勉強法 その48

やってはいけない！

夜型なので、朝は勉強しない

これで天才に！

朝は、サンドイッチ記憶法のチャンスだ

「夜型なんです。朝は苦手で……」

こう言う方が必ずいます。

ダメです。

天才として勉強するのに、個性は認められません。

夜型の天才というのは滅多に存在しません。そのため、たとえあなたが夜型の人間であったとしても、朝型に生まれ変わる必要があります。

朝は脳が冴えている時間 しっかり勉強に充てるべし

「朝寝は時間の出費である。これほど高価な出費はほかにない」

（アンドリュー・カーネギー）

こういう言葉にもあるように、朝の時間はとても貴重です。**もっとも脳が冴えている状態だからです。**

夜はすでに脳が疲れている状態です。なので、勉強をするにしても、「瞬間記憶」での暗記物など、考えることが少ない教科をするのがいいでしょう。

せっかく朝の有意義な時間があるのですから、勉強の時間に使いましょう。それが天才になれる勉強法です。

睡眠を挟んで覚えるのが「サンドイッチ記憶法」

では何をしたらいいのか。

それは、もう決まっています。**前日におこなった暗記の復習です。**

夜、寝る前に暗記をします。

そして起きたあとに、寝る前に暗記をしたものの復習をするのです。

私はこれを**「サンドイッチ記憶法」**と呼んでいます。

「暗記、睡眠、暗記」

こんなふうに、睡眠をサンドイッチのように挟んで暗記をするからです。

睡眠中には、夜に暗記したものが、短期記憶から長期記憶に落とし込まれていきます。

これを起きた直後に復習をすることで、長期記憶を確実なものへと変えていくのです。

さらにこの方法は、単純に記憶するうえで効果的なだけではありません。それ以外にも、勉強に対するモチベーションをアップさせる効果があるのです。

成功率100%の朝を迎えて自己肯定感の高い1日を過ごす

「朝、新しい問題をやるぞ！」と、数学の問題に取り組みたい気持ちもよくわかります。

しかし、もしも解けなかったら落ち込んでしまいますし、朝の時間が無駄だと感じるかもしれません。

その反面、前日の暗記ものの復習であれば成功率は100%です。昨日覚えたことを見返すのですから、ストレスもありません。

朝に「おお、こんなにも覚えているじゃないか」と自己肯定感を上げることで、快適な1日を送ることができます。

前日の夜に「瞬間記憶」したものを、翌朝「瞬間記憶」で、もう一度思い出す。

「サンドイッチ記憶法」を毎日実践することで、もっとも効率的に暗記を進めていくことができるのです。

サンドイッチ記憶法で長期記憶に落とし込む

朝から自己肯定感もアップ!

勉強法

その49

やってはいけない！

朝も昼も夜も、同じ教科の勉強をする

これで天才に！

「1日3分割法」を実践する

「私は英語が苦手だ。だから英語をがんばらなければ」

　このように考えて、朝から晩まで英語を勉強している人がいます。

　一生懸命なのはわかりますが、これは時間の使い方として、とてももったいないので、変えたほうがいいでしょう。

　このように、1日中同じ科目の勉強をするのではなく、**1日のなかで脳にとってベストなタイミングで勉強する科目を選ぶのがオススメです。**

　苦手だからといってだらだらと長い時間をとって勉強するよりも、そのときの脳にとって最適な教科を選ぶことが大切なのです。

午前中は脳が働くので じっくり考える数学を

　では具体的に、どの時間にどんな科目を勉強するのが、一番効果的なのでしょうか？

　まず朝です。

　朝の時間は、前項で説明したサンドイッチ記憶法を実践します。前の夜に暗記したものの復習をするのが効果的です。

　次に午前中です。

　午前中は脳が活性化している時間帯です。ですから、単に記憶するような教科ではなく、じっくりと考える作業が必要な数学の勉強に適しています。

午後は脳が疲れ始めるので 英語や国語に充てよう

　次は午後です。

　午後は少し脳が疲れてきている時間帯です。

　そこで、**比較的脳への負担が少ない英語・国語といった言語ものの科目を勉強するのに適しているでしょう。**

　最後に夜です。

　夜は脳がかなり疲れているので、数学のようにじっくりと考える作業には適していません。**何も考えず、どんどん暗記をする時間に費やします。**日本史・世界史などの暗記教科に使いましょう。

　そして12時までにはベッドに入り、翌朝、夜の間に記憶したものをサンドイッチ記憶法でしっかり自分のものにしていくのです。

　このように午前、午後、夜と分ける方法を、私は**「1日3分割法」**と読んでいます。この方法を使って、どの教科を勉強するか決めておくといいでしょう。

脳の疲労度に合わせて 教科を選ぶのが効率的だ

　私が中学・高校で嫌だったのは、時間割の都合で午後に数学があったり、1時間目に世界史があったりしたことです。これは、脳の働きからあまりいい勉強法ではありません。

　学校や先生の都合で仕方がないとは思うのですが、できれば脳の疲労度まで考えてカリキュラムをつくってくれれば……という願いがありました。

　漫然と勉強をするのではなく、脳の疲労度に応じて勉強をするのがもっとも効率的な勉強法です。

　「1日3分割法」を踏まえたうえで勉強をすることで、1日の時間の経過も味方につけることができるのです。

「1日3分割法」で時間帯を意識して勉強する

朝

脳が活性化しているので
「考える作業」に向いている

sinθ　π　√

オススメ

数学

昼

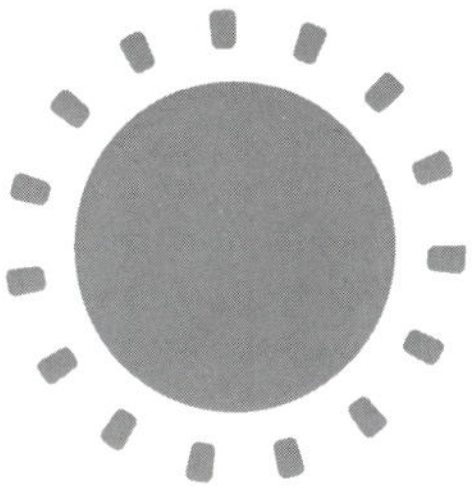

少し脳が疲れてきているので
言語ものが向いている

いろは　ABC

オススメ

英語、国語

夜

頭の回転が遅くなるので
考える作業は向かない

オススメ

歴史などの暗記物

勉強法

その50

やってはいけない!

入試3ヵ月前になってから、勉強法に取り組む

これで天才に!

中学2年・高校2年の段階で勉強法はマスターしておく

最後になりますが、私が提唱している勉強法には弱点があります。天才になるための時間、すなわち**「瞬間記憶」をマスターするために最低でも3ヵ月かかるということです。**

しかも、「私は天才になれる」と無条件で信じる人なら3ヵ月というだけです。「私には無理だ」というネガティブな思考の人は、6ヵ月～1年以上かかっても、「瞬間記憶」はマスターできないかもしれません。

勉強で勝つためには長期戦略が不可欠だ

なので**「入試まで3ヵ月しかない」という人にとっては、この本に書かれていることは「知らなければよかった」ということばかりかもしれません**（青ペン勉強法は3ヵ月以内からでもやったほうがいいですが）。

勉強は長期戦略を練って取り組むものです。大学入試では、小学校1年生から名門塾に通って勉強にすべてを捧げてきた人と戦うのですから「3ヵ月でなんとかなりませんか?」というのは、勉強を舐めているとしか言いようがありません。

「野球をやったことがないんですけど、3ヵ月でプロになれますか?」というのと変わりません。運動ならば無理だとわかっているはずなのに、勉強に関してはウルトラCが存在するように期待してしまうわけです。

試験まで3ヵ月以内なら凡人としてがんばろう

勉強のウルトラCは「『瞬間記憶』をマスターする」こと以外ありません。ですが習得には、最低でも3ヵ月かかります。

逆に言えば、**入試まで3ヵ月しかない人にとっては「勉強法のことは一切考えずに、ひたすら勉強時間を増やす」が正解です。**

ごちゃごちゃと「いい勉強法はないか」と考える暇があったら、1分でも多く勉強をしたほうがいいです。なので、睡眠時間を削るなど、本書と逆の方法がいいでしょう。

英語なら、長文読解→英文法→英熟語→英単語のほうが得点は上がります。辞書を引きながら長文を解いたほうが過去問に馴染《なじ》むことができます。それで偶然、似たような問題が出ることを祈るしかありません。

あと3ヵ月しかないなら、天才としての勉強法を捨て「最強の凡人」を目指すほうが合格の可能性は上がるのです。

天才として勉強するか凡人として真逆に勉強するか

本書を読んで「この本と、ほかの勉強法のいいとこ取りをしよう」と言う人がいます。ダメです。「コーラもコーヒーもオレンジジュースも美味しいので、混ぜます!」と言っているようなものです。

天才の勉強法は、天才にとってはもっともいい勉強法ですが、逆に凡人にとっては最悪な勉強法です。

「私は凡人だ。凡人として本書の真逆のことをやるぞ」も1つの正解ですし、**「天才になって、この本の通りに勉強をしよう」**というのも正解です。

どちらの山を登るかは、あなたが決めていいのです。

天才になってから天才として勉強する

【天才の勉強法】

天才になるために3カ月を使う

天才として勉強する

試験本番

「瞬間記憶」をマスターする

ひたすら勉強

やってはいけない「勉強習慣」まとめ

勉強法その44	☹	「やっぱり、問題が解けなかった!」と感じる	×
	☺	「まさか、問題が解けなかった!」と感じる	○
勉強法その45	☹	問題が解けなかったら、勉強をやめる	×
	☺	問題を解いたあとに、勉強をやめる	○
勉強法その46	☹	夜12時以降に勉強する	×
	☺	夜12時前には、勉強を終える	○
勉強法その47	☹	睡眠時間を削って勉強する	×
	☺	睡眠時間は、7時間〜7時間30分取る	○
勉強法その48	☹	夜型なので、朝は勉強しない	×
	☺	朝は、サンドイッチ記憶法のチャンスだ	○
勉強法その49	☹	朝も昼も夜も、同じ教科の勉強をする	×
	☺	「1日3分割法」を実践する	○
勉強法その50	☹	入試3ヵ月前になってから勉強法に取り組む	×
	☺	中学2年・高校2年の段階で勉強法はマスターしておく	○

column

リスト化&2大目標を習慣に

朝、勉強の前に、「やることリスト」と「2大目標」を書く習慣をつけましょう。

「やることリストに書いたことはやるが、それ以外はやらない」と徹底することで、作業スピードが最速化できます。逆に書かずに1日をスタートすると、つい雑用など関係ないことをしてしまいます。

勉強ができる人というのは、やることリストの優先順位の高いものからこなし、時間を有効に使っている人なのです。

また、1日の目標は2つ立てましょう。

1つだと、それができなかったら落ち込みますし、3つ以上だと、よくばりすぎで結局手つかずになる場合もあります。1つしか達成できなければ、翌日に繰り越して1つ目標を加えればいいのです。

これらの習慣の積み重ねが、気がつくと大きな成果を生むことになるのです。